JM205211

失敗しない データ分析・AIのビジネス導入

プロジェクト進行から組織づくりまで

株式会社ブレインパッド
太田満久・井上佳・今津義充
中山英樹・上総虎智・山﨑裕市
薗頭隆太・草野隆史［共著］

森北出版

●本書のサポート情報を当社 Web サイトに掲載する場合があります．下記の URL にアクセスし，サポートの案内をご覧ください．

http://www.morikita.co.jp/support/

●本書の内容に関するご質問は，森北出版 出版部「(書名を明記)」係宛に書面にて，もしくは下記の e-mail アドレスまでお願いします．なお，電話でのご質問には応じかねますので，あらかじめご了承ください．

editor@morikita.co.jp

●本書により得られた情報の使用から生じるいかなる損害についても，当社および本書の著者は責任を負わないものとします．

■本書に記載している製品名，商標および登録商標は，各権利者に帰属します．

■本書を無断で複写複製（電子化を含む）することは，著作権法上での例外を除き，禁じられています．複写される場合は，そのつど事前に(社)出版者著作権管理機構（電話 03-3513-6969，FAX 03-3513-6979，e-mail：info@jcopy.or.jp）の許諾を得てください．また本書を代行業者等の第三者に依頼してスキャンやデジタル化することは，たとえ個人や家庭内での利用であっても一切認められておりません．

はじめに

　「AIブーム」と言われる昨今、高度なデータ分析やAI技術のビジネスへの導入に、熱い視線が注がれています。実際、データのもつ力は非常に大きく、うまく活用できれば飛躍的な業務効率化や売上向上につながります。

　筆者らの所属する株式会社ブレインパッドは、データ分析を専業とする企業です。AIブーム、さらにはその前の「ビッグデータブーム」の以前からデータのもつ可能性に着目し、「データ活用を通じた持続可能な社会の実現」をミッションに、多数のデータ分析プロジェクトに取り組んできました。

　筆者らはデータサイエンティストとして、さまざまなプロジェクトを経験してきました。業務改善を達成できた現場も多い一方、残念ながらデータ分析が成果につながらず、歯がゆい思いをしたこともあります。分析は、我々だけで進めるものではなく、お客様と一緒になって進めていくものです。お声がけいただくお客様のほうでも「分析がどのように進んでいくか」「リスクやつまずきポイントは何か」を事前に認識していただくことで、そのようなケースを減らすことができるはずだと考えています。

　また最近では、ブレインパッドのような専門企業に外注するだけでなく、社内でAI・データ分析の部署を立ち上げるケースも増えてきています。そうした場面においても、筆者らの過去のプロジェクトの成功・失敗経験が参考になる部分は多いはずです。

　本書は、筆者らが経験したプロジェクトの成功と失敗の事例を踏まえ、データ分析・AIプロジェクトの外注・導入を成功させるためのポイントについて解説します。想定している主な読者は、

- 全社的にデータ活用を推進する立場にある方
- 社内のデータ分析・AI専門部署の立ち上げに参画する、リーダーレベルの方
- 現場でデータ分析・AI導入プロジェクトを率いるプロジェクトマネージャー、参加するプロジェクトメンバー

です。

　本書では、既存の業務効率化や経営判断に使用されるデータ分析と、新商品・新サービスに内包される AI 技術の双方に触れ、データに基づく意思決定の成果を業務やプロダクトに組み込む方法について、その種類を問わず見ていきます。

　本書のゴールは、

「専門家に頼んだ結果、失敗しました」
「AI の部署を立ち上げた結果、うまくいきませんでした」

という事例を一つでも減らすことです。本書が皆様のデータ活用の一助となれば幸いです。

失敗しない　データ分析・AI のビジネス導入 ▶ **目次**

Chapter **1**

AI 導入はなぜ失敗するのか

　本章では、企業と AI の関係について述べます。AI は企業に
おいてどのように活用されているのか、企業は AI とどう向き
合うべきなのか。そもそも AI とは何なのか。AI を導入してい
くために考えるべきポイントは何か。成功と失敗を分けるもの
は何か。第 2 章以降では実際のプロジェクトの進め方につい
て見ていきますが、本章ではまず、本書の根底にある「AI をデー
タに基づく意思決定に役立てる」という考え方を説明し、企業
における AI 導入の概観を示します。

1.1 ▶ 企業における AI の導入のゴールとは

　私たちの日常におけるさまざまなシーンで、AI（人工知能）を活用したプロダクトやサービスに触れる機会が増えてきました。人間らしい対話応答ができるスマートフォンやスマートスピーカー、自動車の運転サポートなど、人間にしかなしえなかった複雑な判断がコンピュータでも可能になってきています。一部の先端企業によるそうした象徴的なプロダクトやサービスだけでなく、その他の多くの企業においても、AI の活用機会は増えています。

▌あらゆる産業から注目される AI

　インターネット関連の情報通信業界では、従来の ICT（情報通信技術）の延長として AI 関連技術を位置づけ、たとえば EC サイトにおける商品のレコメンドや、デジカメや SNS 上での顔認識技術がすでに導入されています。それだけではなく、製造業・運輸・小売・医療・農業などあらゆる業種で AI 技術の組み込みが検討されています。1970 年代から 2000 年代にかけては電子・情報・通信技術が社会の発展を牽引しましたが、今日は AI がその役割を期待されているのです。

　日本政府も、IoT やビッグデータと合わせて「第 4 次産業革命」の中核に AI を位置づけています。さまざまなデータ解析結果による個人別サービスの提供、オーダーメイド医療、人的マッチングによるシェアリングエコノミーの実現、ロボットによる自動化や補助、フィンテックなどがその具体的な取り組みとしてあげられています[1-1]。AI 関連の市場は拡大を続けており、2020 年には市場は数千億円規模になるだろうと複数の調査会社が報告しています。さらに、2030 年には実質 GDP を 132 兆円押し上げる効果があるとの調査結果も発表されています[1-2]。

　マーケティングや製品開発だけでなく、社内のさまざまな業務オペレーションにも、AI 技術が組み込まれています。それらには、利用者が意識しないのものも含まれます。人材採用業務において応募者のプロファイルや適性検査結果から合否を機械的に判定することや、コールセンター事業において音声発話内容をテキスト化して属性情報を自動で記録することなど、業務

効率化の事例が増えています。

　このように幅広い産業領域で AI の利用が普及するなかで、AI の開発、利用そのものが新たな産業分野を生み出すこと、それによる雇用の拡大や生産性の向上が期待されています。統合的な AI ソリューションを売りにする大手 IT 企業や、ハードウェアやソフトウェアなど個別の領域に特化した AI 技術力の高さを PR するベンチャー企業も増えています。

　さらに、AI そのものを専業としない企業にとっても、企業活動に必要な情報をいかに効率的に集めてデータ化し、いかにそれを有効活用するかということが、まさに経営課題の一つになっています。AI 技術による飛躍的なブレイクスルーが実現できるかが今後の企業活動の成否を握っているのではないか、そう考える経営者も多いのではないでしょうか。日進月歩の ICT 分野のなかでもとくに飛躍著しい AI をいかにビジネスに活用するか、各企業が試行錯誤している状況なのです。

　その現場では、ビジネスと AI 技術をつなぐ役割を担うために、データサイエンティストと呼ばれる新しい職業が誕生しました。データサイエンティストはデータ分析を専門的に行う職種ですが、現状では人材が世界的に不足していると言われています。多くの企業では専門のデータ分析担当者を設置するのではなく、データサイエンティストの役割をそれぞれの業務担当者が担っているのが実情です。

　また、たとえ専門家であるデータサイエンティストを組織内に擁していても、現実の AI 技術の導入には落とし穴がたくさんあります。その最たるものは、AI 導入の目的を踏まえず、何となくプロジェクトが始まってしまうことです。

▌AI 導入の落とし穴

　「AI を我が社でも導入せよ」、「AI を使ったプロダクトをつくりたい」、そんな号令のもと始まったプロジェクトでは、次のような言葉が聞かれることは想像に難くありません。

- ●そもそも何をしてよいかわからない

- プロジェクトが一向に進まない
- 思ったほどの成果が上がらない
- 運用が大変だ
- ユーザーが使ってくれない

AI導入は他社との差別化ができる大きなビジネスチャンスであるとともに、その導入には少なからぬ苦労とリスクがつきまといます。AIを企業活動に組み込むためには、AI技術の正しい理解と適切な進め方が必要です。そのためにはまず、

「AI導入は、目的ではなくあくまでも手段である」

ということを念頭におくことが何より重要です（→図1.1）。AI導入の本質は、事実、つまりデータに基づく意思決定にほかならず、個々のAI技術はあくまでもその一手段なのです。

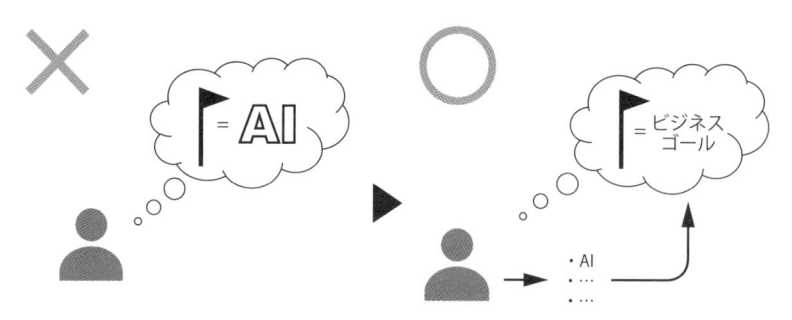

図1.1　AI導入はビジネスのゴール達成のための一手段である

本書では、企業におけるAI導入を、**データに基づく意思決定の仕組み化と定着をゴールとした一手段**と位置づけます。そのうえで意思決定のためのデータ活用の枠組みを示し、AI導入に失敗しないために踏まえておくべき知識と導入プロセスの進め方を提示していきます。

AIを導入するどの段階においても、AI技術ならではの落とし穴があります。まずは次節にて、AIとは何かについて、その概観を把握しましょう。

1.2 ▸ AI（人工知能）とは何か

　ここでは、改めて本書における AI やビッグデータなどといった用語・概念について説明します。AI 関連の用語には曖昧な概念や表現が多く、それだけにコミュニケーション不全に起因する失敗が起こりがちです。そのため、各用語の意味について関係者のなかで理解を深め、共通認識をもっておくことが不可欠です。

▍AI の定義と 3 度のブーム

　実のところ、AI そのものの定義については、専門家の間でも明確な共通認識はもたれていません[1-3]。本書では AI の定義を、

> 「コンピュータに、人間から見て『知的』であると思える処理や
> 動作をさせること」

とします。よく知られた AI の分類として、「強い AI」と「弱い AI」の区別があります。「強い AI」は人間のような意識（心）をもつとされ、「弱いAI」は心や複雑な認知能力をもたず、限定的なタスクをこなせるもの、とされています。現在「強い AI」は実現できておらず、「弱い AI」も発展途上にあると言えるでしょう。「強い AI」の実現のためには、そもそも知性とは何かという哲学的な問題にまで立ち返らなければいけません。一方、ビジネスにおける AI 活用の意味においては「弱い AI」でも十分、意思決定に有用だと認識しておけばよいでしょう。

　また、AI と聞くと鉄腕アトムやドラえもんに象徴されるロボットを連想される方もいらっしゃるかと思いますが、ロボットの脳にあたる部分が AIであり、研究分野として重複する領域はあるものの、両者は別物として扱われます。ビジネス応用においても、物理的な身体は必ずしも必要ではありません。

　AI は、過去 2 回の隆盛と衰退を経て、現在 3 回目のブームにあると言われています。

- 1 回目のブームは 1950 年代末 ～ 1960 年代にかけて起こったものであり、チェスをプレーするコンピュータなどが登場したことで、AI のもつ可能性についての認識が、世界中へ広がりました。しかし現実には、計算機の処理能力の限界もあり簡単な問題（トイ・プロブレム）しか解けず、フレーム問題などの構造的な問題点も指摘され、実用化には至りませんでした。

- 2 回目のブームは 1980 年代に発生しました。このときには、「エキスパートシステム」が一定の成果を上げました。これは、特定分野の専門知識をルールとして与えることで、専門家と同様の推論をできるようにしたシステムです。しかし、知識を与えるためのルール設計に膨大な維持コストがかかり、その実用は一部に限られました。この時期には後の深層学習（ディープラーニング）の基礎となるニューラルネットワークの研究が始まっていましたが、この時点では計算機の処理能力が追いつかず、実用化には至っていませんでした。

そして、現在は 2010 年頃から始まったとされる 3 回目のブームの最中です。今回のブームは機械学習、とくにその一手法である深層学習のブレイクスルーによってもたらされたと言われています。

▎機械学習・深層学習のブレイクスルーを可能にしたもの

今回のブームが前 2 回と異なるのは、単なる理論上の進歩だけでなく、いくつかの周辺技術の発展が組み合わさって AI 技術（深層学習）の実用性を高めたという点にあります。下記の 4 点が要因としてあげられます。

1. ビッグデータ化
2. 処理能力の向上
3. アルゴリズムの発展
4. 仮想化技術の発展

一つ目は、HDD や SSD といったストレージデバイスが安価になり、大量のデータ（すなわちビッグデータ）が蓄積されるようになってきたことを指します。なお、ビッグデータとは、総務省の定義によると「事業に役立つ

知見を導出するための多様かつ大規模なデータ」[1-4] とされています。本書では、利用可能なデータとして下記を満たすものをビッグデータとして扱います。

- 目的とする事象の推計に対して、統計的に信頼性のおけるだけの十分な量があるデータ（＝ データの「行数」が大きい）
- 目的とする事象の推計の要因（属性）となる項目が多様なデータ（＝ データの「列数」が大きい）
- 各項目値の組み合わせのバリエーションが豊富にあるデータ

いかにサイズが大きくても、値に欠損が多かったり偏りがあったりするデータは、質的にはよいデータとは言えません。異常検知をしたいにもかかわらず、「正常時のデータ」しか含まれていないケースなどはその典型です。**目的に適したデータが十分にあることで初めて、AI 技術は真価を発揮する**のです。

二つ目は、ビッグデータを扱う**処理能力が向上**したことです。CPU や GPU などのハードウェアレベルでの並列処理や、Hadoop や Spark といった分散処理ミドルウェアにより、データを大量かつ効率的に取り扱えるようになりました。AI のモデルの学習に特化したハードウェアや、予測に特化したハードウェアなどの開発も進んでいます。

三つ目は、深層学習に代表される**機械学習アルゴリズムの発展**です。上記 2 点により、複雑なモデルを学習するに足るだけのデータが揃い、実用的な時間で計算可能になったことに加えて、学習アルゴリズムそのものの改善により、複数のタスクで高い精度をあげられるようになりました。とくに画像認識や音声認識の分野では、人間を超える性能が達成されています。機械学習・深層学習アルゴリズムの特徴は、簡単には次のようなものです（→詳しくは第 2 章）。

- 構築したルールに基づき、推論・予測ができる
- 複雑なルールをデータから学習できるようになった
- データが内包する特徴を、人手で探索したり明示したりせずに学習できる

　ようになった

　1点目は過去のAI技術と共通する特徴ですが、2点目は機械学習全般のメリット、3点目は深層学習固有のメリットです。

　また、機械学習ライブラリが整備され最新のアルゴリズムを手軽に試せるようになったことも、実用化のハードルを下げることに大きく貢献しました。

　四つ目は、クラウドコンピューティングに代表される**仮想化技術**です。アマゾン社のAmazon Web Serviceやマイクロソフト社のMicrosoft Azure、グーグル社のGoogle Cloud PlatformなどのSaaS、PaaS[◆1]により、データの所在や計算資源の取り扱いについて意識する必要がなくなり、システム構築がより簡便になりました。また、データ量やどの機械学習モデルが適用できるかに応じて柔軟に各種のリソースを拡張できること、すなわちスケーラビリティの高さも、AI導入を試行段階から本番化へとより進めやすくしました。近年では、さらにフォグコンピューティングやエッジコンピューティングといったキーワードが登場し、いかにデータの取得現場に近いところで機械学習モデルの学習と適用を効率的に行うかがポイントになってきています。

---

column　**AI技術と関係する周辺の学問領域**

　AIとは異なる文脈で発展してきたOR（オペレーションズ・リサーチ）についても触れておきます。ORは、第二次世界大戦の時期に研究・利用が本格化した、意思決定のための数学的なモデル化技法です。カーナビゲーションシステムの経路探索アルゴリズムなどさまざまな分野で製品化されているほか、サプライチェーンマネジメントや社会シミュレーションの手段としても用いられています。金融工学やゲーム理論も、ORの応用として誕生した分野です。

　ORの分野で開発されたアルゴリズムのなかには、一般向けの解説のなかでは「AI」として紹介されているものもあります。両者は異なる概念ですが、

◆1　SaaS（Software as a Service）：これまでパッケージとして提供されていたソフトウェアを、インターネット経由のサービスとして提供する形態のこと。PaaS（Platform as a Service）：ハードウェアやOSなどを含むアプリケーションのプラットホームを、インターネット経由のサービスとして提供する形態のこと。

重なる部分があるのも事実です。意思決定のために最適な答えを導くのが OR であり、それが知性の実現を目指したものならば「広い意味での AI」でもあると言ってよいでしょう。一方、第 3 次ブームの中心となった機械学習はデータからの学習を行うものであり、OR とは区別されるアプローチです。機械学習も OR も、広い意味での AI のための要素技術として捉えることができます。

　統計学も AI 技術に密接に関わる学術分野です。機械学習の背景には統計学の知識が広く活用されています。一般的に、機械学習はデータから関係性を機械的に学習する手法ですが、「データをどのように扱い、データからどのように学習するか」の基礎部分では統計学の知識が活用されています。

　制御工学も、製品化の際は AI として紹介されることもあります。このように、一口に AI 技術と言っても、それを実現するためにさまざまな分野の理論が関係しており、それらは AI とは関係ない背景から生まれているものも多いのです。

▍ AI の適用分野

　AI が適用可能な分野は多岐に渡ります。図 1.2 には、研究段階から実用的な製品に組み込まれているものまで含め、AI の開発と適用がなされている分野をあげました。

　自動運転のような一見複雑なタスクでも、実際は単純なタスクの実行の組み合わせとその統合により実現されます。カメラ画像から物体を検出・認識するといった単純なタスクにおいては、AI 技術はかなり実用的なレベルの精度を達成できるようになってきました。より複雑な、総合的判断を要求するタスクでは人間にはまだ及びませんが、複数のデータソース、複数のタスクの統合の試みも進められています。すべてを一つのニューラルネットワークモデルで表す End to End 学習の発展などが、その実現のために期待されています。

▍ AI 技術の限界

　AI 技術の可能性へ期待が高まる一方で、現在の AI 技術の限界について

統合的な応用	業務サポート	自動化
● 自動運転 ● 対話ロボット	● 医療画像診断 ● 新薬開発 ● 設備の故障診断 ● 設備の劣化検知	● エネルギー制御効率化 ● 配送最適化 ● 配置最適化 ● シフトスケジューリング ● 栽培管理

サービス	行動データ	マーケティング
● 機械翻訳 ● 文章要約、文章生成 ● 音声認識、対話 ● 適応学習 ● 株式取引・資産運用 ● レコメンド	● 不審行動の発見 ● 信用リスク評価 ● 人材評価	● 需要予測 ● 施策効果検証 ● CRM 分析 ● 価格予測

図 **1.2** AI の適用分野

も理解する必要があります。よく聞かれる誤解としては次のようなものがあります。

- **汎用的である（= 何でもできる）**
- **データがあるほど精度は上がる**

AI の適用可能な範囲そのものは広いものの、単一の AI のできることは現時点においてはかなり限定的です。たとえば画像から犬と猫の判別ができるからといって、同じ AI のモデルが人物の顔の違いを判別できるわけではありません。特定タスク専用のモデルを構築することで性能を引き出しているためです。また、各 AI 手法には得意・不得意があり、タスクやデータに応じた使い分けが必要になります。ですので、汎用的な人工知能の実現はまだ遠いと言えます。

また、データがあればあるほど精度が上がるわけでは必ずしもありません。目的に対して適切なデータソースを適切な粒度で投入することが求められます。「Garbage in、Garbage out」（ゴミのようなデータを入力すると出力もまたゴミである）というコンピュータサイエンスでよく知られたフレーズが

あるように、無関係あるいは不適切なデータからは意味のあるデータはもたらされず、場合によってそれは有害ですらあります。AI技術を正しく理解し、AIで自動化できる部分はAIに任せ、苦手とする分野は人間がサポートするといった形で有効に活用することが重要です。

1.3 ▸ AI導入にはまず「データ活用」から

　では、企業活動へのAI導入はどのように行うべきでしょうか？　そもそも、AI導入をすべきかどうかをどう判断すべきでしょうか？

▌AI導入は「データ分析プロジェクト」である

　AI導入は、「データに基づく意思決定の仕組み化と定着」というゴールにたどりつくための一つの手段であることを先に述べました。多くの場合、その取り組みは期限を区切った「有期性のプロジェクト」として進められることになります。したがって、AI導入もプロジェクト管理の視点で考えることが重要です。

　AI導入をプロジェクトとして捉えた際、大きく分けて

- ●AI技術が全体の一部分をなすプロジェクト
  （例）商品の「AI機能」部分を開発するプロジェクト

- ●AI技術が主となるプロジェクト
  （例）社内業務の高度化／自動化を目指すプロジェクト

があります。また、その目的も、日々の業務の改善、プロダクトへの組み込み、データに基づく企業活動の意思決定など、多種多様です。どのようなプロジェクトにおいても、AI技術を組み込んだプロダクトやサービスを構築したり、結果をレポーティングしたりして終わりではなく、あくまでも「成果を上げ続けること」がゴールとなります。また、そのすべてに共通しているのが、「**データを理解するために、データを分析する**」ということです。

　したがって、AI導入を考える際には、「AIを導入すべきか？」ではなく、

まずは「解決したいビジネス課題に対してデータが活用できるか？」を問う
べきなのです。このような見地から、本書では以降「AI プロジェクト」で
はなく「（AI を活用するものを含む）データ分析プロジェクト」一般につい
て解説していきます。

┃ データが活用できるか？

「使えるデータがそもそもない」という状況からプロジェクトが始まるこ
ともあります。現状において本当にデータ分析や AI が必要かどうかを最初
に検討すべきです。AI による自動判断をいきなり目指すよりも、まずは人
間の判断のサポートをするための簡単な集計値の算出から始めることを検討
すべきかもしれません。実際、目的によってはそれで十分なことも多いので
す。

データに基づく意思決定が得意なタスク、つまりデータ分析の成果を出し
やすいタスクの条件は、

- 大量かつ意味のあるデータが得られる
- タスクが定型的で、評価がしやすい

ことです。たとえば、顧客の購買に合わせた追加購入商品のレコメンド（推
薦）、コールセンターでの案内業務、工場の不良品判別などが当てはまります。

一方、データ分析の活用が難しいのは、

- 発生頻度が少ないため、データが得られにくい
- 不定型で単純に評価できない

タスクです。工場の建設、新規事業立ち上げといった経営判断の場面では、
データ分析だけに頼った意思決定はまだ不可能でしょう。こういったタスク
は問題設定が大きすぎることも多く、タスクを分解することでデータ分析が
適用しやすくなることもあります。

データ分析にどのような手法があり、どのような特徴があるのか、そして
その限界については第 2 章で詳しく触れます。

データ分析プロジェクトを遂行する

　データ分析を進めることが決まったら、プロジェクトを立ち上げます。データ分析プロジェクトの立ち上げにおいては、ゴールを設定し、それに対してどのようなリソースを準備していくかを考えます。どのようなデータを収集するか、どうやってデータを整備するかのプロセスを構築したり、データ分析の概念実証（PoC）の結果からどのように意思決定を行うかを決めたりすることも重要です。アプローチを定める際には、単なるアルゴリズムの選択だけではなく、何をいつどこでどこまで予測し、予測した結果をいつどこでどう使うかなど、意思決定までのプロセス全体の構築を行います。データ分析プロジェクトの流れは第3〜6章で解説します。

　プロジェクトが成果を出した後も、運用を継続するうえでは絶え間ない改善が必要です。なぜなら、環境は絶えず変わり続け、得られるデータや新たに取得するべきデータも変わっていくからです。データに限らず組織や人も変わっていきます。運用を継続し、新たな課題に取り組んでいくためには、恒常的にデータ分析を行うチームや部署の構築が必要になります。第7章では、組織構築の形態や方法について触れます。

1.4 ▶ データ分析プロジェクトの七つのリスク

　データ分析そのものの進め方については、ある程度の共通認識がもたれた枠組み（CRISP-DM[1-6]など）があります。しかし、業務への活用やサービス化、プロダクト組み込み、それらの運用については、未だ標準的な方法論ができているとは言いがたい状況です。このため、各社において試行錯誤の上に成功事例を積み重ねつつあるのが現状だと言えます。

　データ分析は、他の施策に比べて明確な成果を上げることが難しい取り組みです。通常のプロジェクトとも共通する困難に加え、データ分析プロジェクト特有の落とし穴が存在するためです。通常のプロジェクトとデータ分析プロジェクトとの主な違いは、やってみなければわからないという不確実性の多さや、それらの関係者間での認識共有が不十分になりがちな点にあります。データ分析プロジェクトの進め方に対する知見や経験をもたずにプロ

ジェクトを開始すると、やがて次のような状況に直面することでしょう。

- 想定していた学習データが十分な量得られなかった、または質が低かった
- 出てきた結果が業務に当てはまらない
- 目標とする精度に達しなかった
- ユーザーの協力が得られなかった

　これらの結果として想定外の工数が発生してプロジェクトの遅延や追加費用が生じれば、最終的にはプロジェクトの中断にもつながりかねません。あるいは一応の完成を優先させた結果、見た目は立派でもユーザーに使われないシステムができ上がったり、誤った意思決定を導いてしまったりすることもあるでしょう。最悪の場合、大きな経営上の損失につながることも考えられます。そうなると、データ分析に関する間違った理解や忌避感が生まれることになります。一度失ってしまった信頼を取り戻すことは容易ではなく、社内のデータ活用の雰囲気の醸成からやり直すということになりかねません。

　そんなことにならないよう、本書では、さまざまな角度からデータ分析プロジェクトの失敗要因を分析し、対処の方法を見ていきます。

　データ分析プロジェクトにおける失敗要因を、大雑把に七つのリスクとして分類します。

1. 分析の進め方として時間と成果が比例しないリスク

　データ分析の結果は、費やした時間と必ずしも直線的な比例関係で得られるものではありません。試行錯誤を繰り返す必要があります。

2. データの量や質が不十分なリスク

　先に述べたとおり、データからルールを構築する機械学習を使用する場合には、目的とする事象の予測に対して十分な量や質のデータが要求されます。

3. データへ依存するリスク

　データに依存したモデルであるため、ある日データの形式が変わったり、外部データの提供がされなくなったりすることで機能しなくなります。

もしくはその対応が必要になります。

4. データのトレンド変質に関するリスク

市場環境の変化などで取得したデータの傾向が変わると、モデル構築時の精度が維持できないことがあります。また、商品レコメンデーション（推薦）などでは、売れ筋商品ばかりが推薦されることで短期的には売上商品が偏り、長期的には売上低下を引き起こす可能性があります。

5. 分析結果に関するリスク

必ずしも望ましい結果が出てくるとは限りません。当たり前の結果しか出ないこともしばしば起こります。結局は人間が作業したほうがよい場合もありえます。

6. 分析結果が活用されないリスク

結果が必ずしも人間にとってわかりやすいわけではありません。理解しにくい仕組みは現場の支持を得られず、使われない可能性があります。

7. システム化するときのリスク

PoC でうまくいったとしても、システム開発が思ったとおりの時間で終わるとは限りません。複雑すぎるアルゴリズムは机上ではうまくいっても、精度を再現できなかったり処理時間がかかったりするなど、実務上のプロセスに合わない可能性があります。

1.5 ▸ 失敗しないデータ分析プロジェクトのために

ここまで、ビジネスにおける AI 導入とは何か、そして、AI 導入はなぜ失敗するのかを見てきました。本章で述べてきたように、AI 導入はそれ自体が目的ではなく、「データに基づく意思決定を行うこと（＝データ分析）」の一手段であると考えるのが適切です。AI（人工知能）に過度に期待せず、AI を組み込んだと称する製品・サービスの実体を正しく理解することも肝要です。

データに基づく意思決定のために、データ分析はプロジェクトの形で進め

られます。そこではデータ分析の知識だけでなく、データ分析プロジェクト特有の進め方や考え方の理解が必要となります。

　偶然に任せていては、プロジェクトは成功しません。成功に至るデータ分析には、それだけの理由があるものです。先に述べた失敗要因の落とし穴にはまらないことがまずは必要です。

　第 2 章以降では、本章で示したデータ分析の概観と着目すべき要因に基づき、データ分析プロジェクトにおける押さえておくべき知識や進め方、組織のあり方について説明します。また、そこでの具体的な失敗のポイントを取り上げ、その対策に触れていきます。

- 第 2 章ではデータ分析と、その代表的な手法である機械学習の基本概念について説明します。データ分析によって可能なことと限界を理解し、そもそもビジネス上の課題が解決可能なものかを判断できるようにします。

- 第 3 章では、データ分析プロジェクトの概観を説明します。データ分析特有の流れや構成要素を把握し投資効果の観点などから実施計画を立てられるようにします。

- 第 4 〜 6 章では、データ分析プロジェクト特有の失敗は何か、なぜ起こるのかを、そのプロセスごとに見ていきます。第 4 章ではプロジェクト立ち上げ、第 5 章ではデータ分析に欠かせないプロセスである PoC、第 6 章ではデータ分析結果の活用・運用プロセスについて見ていきます。各プロセスでの失敗のポイントと失敗しないために理解すべき必要な概念を把握し、適切な対策の打ち方を理解します。

- 第 7 章では、データ分析プロジェクトを安定的に実施していくための組織づくりについて説明します。データ分析の力を継続的に発揮するために必要な組織的な風土づくりや、AI の担当部署がどのような形態をとるべきかを理解します。

　読者の立場や役割ごとに関係するプロセスは異なるため、第 3 章以降は必ずしもすべてを読み進める必要はありません。データ分析プロジェクトへ投

資すべきかの判断、事業設計やインパクトの試算を行う経営層の方は第3・4・7章を、プロジェクトマネージャー相当の方は第3〜6章を、現場で実務に当たる方は第5・6章を読まれると、とくに有用かと思われます。

　本書であげたすべての失敗ポイントに対策を施せば、データ分析プロジェクトは必ず成功するのかと言えば、残念ながらそうではありません。データに起因する問題など、やってみなければわからないことも多く、ある程度のリスクは避けられません。しかしながら、対策をすることで多くの無駄な失敗を未前に防ぐことができ、データに基づく高度な意思決定の実現に近づく価値ある挑戦になることは間違いありません。AIというキーワードに踊らされないデータ活用への継続的な取り組みは、今後のビジネスにおいてますます重要な方法論となることでしょう。

Chapter **2**

データ分析の基礎を押さえる

　前章では、AI をビジネスに導入するうえで気をつけなければならないことの概略を示しました。そこでは、AI を使うこと自体を目的化してはならないこと、そしてデータや目的に応じて手法を使い分けることの重要性に触れました。そこで本章では、ビジネス応用の視点から、データ分析や各手法の基本的な特徴とそれらを活用するうえでの留意点を説明します。データ分析の手続きを進める際、またその結果のビジネス適用を模索する際は、データ分析自体や手法ごとの特徴と留意点を踏まえることで、より効率的に成果を上げることができます。

　本章では、まずデータ分析手法の代表的な枠組みである機械学習の基本的な手続きや代表的手法とその特徴について説明し（2.1 〜 2.3 節）、続いて、それらをビジネス課題解決に用いる際の留意点やよく見られる問題点について見ていきます（2.4 〜 2.5 節）。

　本書の執筆メンバーは、いずれもブレインパッド社の分析コンサルタントです。データ分析という課題解決手段を武器に、業界横断的にさまざまなビジネス課題に日々取り組んでいます。（→ p. 25 のコラム「**分析コンサルタントというキャリア**」）。絶えずビジネス成果が求められる環境で分析業務に当たるなかで、筆者らコンサルタントが常に意識している観点を本書では示していきます。また、筆者らが実際に経験した失敗事例やベストプラクティスが、本章やそれ以降の内容の基礎となっています。

　読者のなかには、プロジェクト成果の最大化や日々の業務の効率化のためにさまざまな工夫や試行錯誤をし、それらに裏打ちされた固有のノウハウや業務観点をおもちの方もいるでしょう。本章で説明する内容は、業務成果を第一に据えており、本質的にはそうした既存の観点と大きく乖離するものではないと考えています。データ分析を用いた場合に何が新たに必要となるかという補足的な視点として咀嚼し、業務成果の可能性を広げる一助としていただければと思います。

2.1 ▶ データ分析手法としての機械学習

　データ分析とは、データに基づいて、「そのデータをつくり出している背景に存在する構造・原因」の性質を明らかにしようとする試みです。データから抽出された背景事象についての知見ないしパターンが、より汎用的なものであればあるほど、将来にわたって広く活用可能で、有用なものとなります。

　「データ分析の手法」とは、データからそのような有用な知見／パターンを見いだすためのさまざまな手法を指します。第 1 章で述べたとおり、この分野ではとくに近年著しい発展が見られ、データから汎用的な（有用な）知見の抽出が可能になってきており、実ビジネスへの適用可能性に注目が集まっています。

　本節では、まず代表的データ分析の手法である機械学習の基本的な手続きと、そのビジネス適用との関係性を紹介します。データ分析の手法は機械学習の手法がすべてではありませんが、機械学習はデータに基づき背景を理解しようとするデータ分析のもつ特徴を典型的に表しているため、ここではその説明を通して、データ分析の特徴をご理解いただきたいと思います。

▌機械学習とは

　第1章では、昨今の第3次AIブームが、深層学習（ディープラーニング）を中心とする機械学習によってもたらされてきたことを述べました。では、そもそも機械学習とは一体どういったものでしょうか。

　本書では、機械学習を次のように捉えたいと思います。

> 　機械学習とは、入力データに対して、課題ごとの目的にかなう出力を効率的に行う「入出力のボックス」（モデル）を機械的に構築する枠組みである

　入力データ（数値や画像）の内部には、「売上が伸びる兆候」や「猫の画像である」など、取り出したい情報（指標）が潜んでいます。そうした情報と関連性の高い要因やパターンを、入力データのなかから試行錯誤を繰り返しながら**「機械的」に評価・発見**し、入力に対する最適な出力のパターンをデータから**自動的に構築（学習）**するのが機械学習であると言うことできます（→図2.1）。図に示したように、機械学習では、コンピュータとアルゴリズムの力を活用することで正解データと関連性の高い要因やパターンを見つけ出し、複雑度の高い予測モデルを自動的に構築していきます。

　次節で簡単に紹介するように、機械学習の具体的な手法（アルゴリズム）としてはさまざまなものが発展しており、取り組む課題や保持しているデータに応じて適切に選択する必要があります。アルゴリズムによって表現可能な複雑度や自動化の程度が異なるものの、「**データに基づき入出力のパターンを自動構築する**」という点はすべての機械学習手法に共通しています。

　学習結果を業務に適用する際には、**学習のために準備したデータから構築した「入出力ボックス」を、未知の入力データに当てはめる**ことで、この新

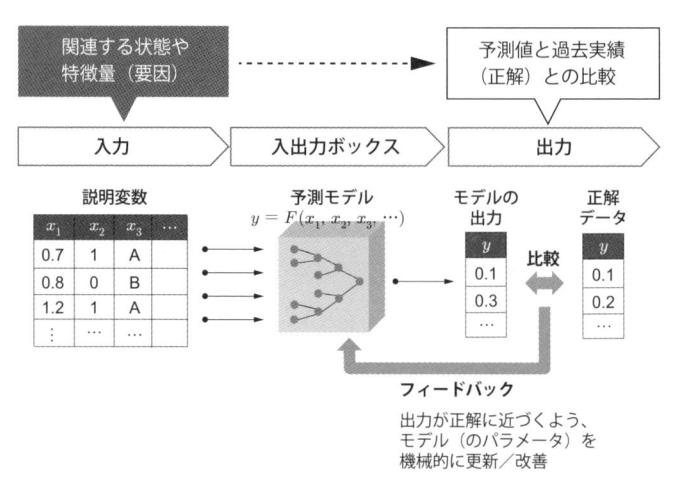

図 **2.1**　機械学習とは

しい入力データに対する推測（理解や予測）を行います。

機械学習の基本は、学習と推測（予測）

図 2.2 は、将来の予測を行う場合の典型的な学習ステップを示しています。

たとえば、ビジネス課題が、過去のデータから将来の売上を予測することだとします。過去のデータとしては、「売上の実績値」に加え、「売上に影響を与える施策（事前広告や販促キャンペーンなど）の実施状況のデータ」をもっているとしましょう。

1. **学習過程**：まず、過去の正解データを、正解データよりも時間的に前（＝「大過去」）の入力データから説明するモデルを構築します。売上予測の例では、売上実績が「過去の正解データ」に相当し、それ以前の売上実績や各種施策のデータが「大過去の入力データ」に相当します。
2. **予測過程**：次に、そのモデルを「現在」の入力データに適用することで、「将来」のパターンを予測します。この例では現時点までの売上実績や施策のデータから、未来の売上を予測することになります。

ここで、学習で用いた過去の関係性のパターンが将来にも現れるであろうことを暗に仮定している点と、学習過程と予測過程において時間的な前後関

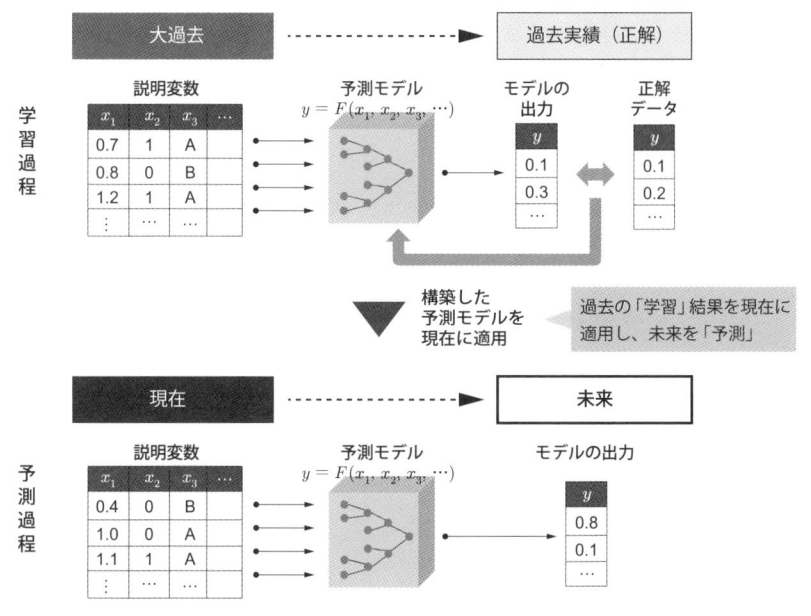

図 **2.2** 学習と予測（将来予測）

係が保たれている点にご留意ください。

　このような学習と推測の関係性は、機械学習一般に共通する枠組みです。たとえば、機械翻訳では、英語の文章と同じ意味の日本語の文章の対応関係を学習し（= 学習過程）、未知のデータ（英語の文章）を日本語に変換します（= 推測過程）。あるいは、文章から自動でトピックを判定するアプリケーションでは、多くの文章とそのトピックを学習し（= 学習過程）、新規の文章に対して自動で判別を行います（= 推測過程）。こうした時間的な前後関係を伴わない場合や要因関係や内部構造の学習などでも、「学習と推測（予測）」という同じ枠組みで理解することができます。

┃ ビジネス適用の際に気をつけるべきこと

　これらの例からもわかるとおり、機械学習の結果をビジネス適用する際には、「いつまでの情報を用いて何を予測するか」など、どのような量の間のパターンを学習するかを明確にし、利用データやモデルの学習・推測を適切

に設計することが重要になります。たとえ同じデータやアルゴリズムを用いたとしても、どんな業務に適応するかやどのような設計を行ったかによって、実現される学習モデルや得られる結果もまったく異なります。

　また、推測はあくまでも過去のデータに基づいて行われます。先述のように、そこには「過去（一部）のパターンが将来（全体）にわたっても保たれる」という仮定が暗になされています。これは、未知の事柄に対する一種の単純化と言えるかもしれません。近年、機械学習の分野ではさまざまな手法が生み出され、適用できる場面も大きく広がっていますが、どんなに最先端の手法といえどもこの仮定を前提としていることは覚えておく必要があります。機械学習は、決して無から有を生み出すような魔法ではないのです。

　また、詳細は次節で紹介しますが、ビジネス適用に際しては、**機械学習アルゴリズムの種類によって得られる情報が異なる**点にも配慮が必要です。たとえば、売上予測をする場合に、アルゴリズムによっては直接的な売上予測値以外の、要因構造などの副次的な情報も得られます。どのような情報を用いて業務判断をするかまでを検討・判断して、アルゴリズムを選択する必要があります。

　以上のように、機械学習の結果を業務へ適用するに際しては、目的に照らし合わせて、機械学習アルゴリズムの選択や利用データ、モデルの学習・推定を適切に設計する必要があります。それらは、データから入出力のパターンを自動構築するという、機械学習の基本的性質に起因するものです。

　以下の節では、これらの機械学習手法の特徴に基づいて生じるビジネス適用上の留意点について、機械学習以外の手法とも比較しながら、もう少し具体的に見ていきます。

　なお、今回は代表的なデータ分析の手法として、機械学習の基本的な手続きを紹介しました。一方、データ分析と聞くと、集計や可視化のイメージをもっている読者もいるかもしれません。しかし、集計・可視化された結果を実際に業務に適用する際にもやはり、そこで人手によって収集・発見された一般的知見に基づいて状況把握や将来予測を行うことになります。その意味では、集計や可視化の手続きも、自動化や得られる一般性の程度は違いますが、上記の機械学習の枠組みのなかに内包されるものと解釈できると思いま

す。詳細は以下の節や第6章などで触れていきますが、筆者らがビジネス適用を検討する際も、段階に応じて、集計や可視化に基づく知見出しや単純な回帰を行うにとどまることもあります。また、そもそもデータ分析に基づかず、人の経験などに基づきルールベースで対応するようなケースもあります（→2.3節参照）。大切なのは、発展著しい各手法の特徴や可用性をしっかり理解したうえで、解決したい課題に対して適切な方法を柔軟に選択できることです。

---

column　分析コンサルタントというキャリア

　　筆者らの仕事について、少しご紹介したいと思います。本書の執筆メンバーはブレインパッドの分析コンサルタントとして、クライアント企業とともに分析業務に当たっています。クライアント企業から寄せられる、「データを有効利用することで、新しいビジネスに乗り出せるのでは？」「データ活用で既存ビジネスの洗練が可能なのでは？」という思いを受け止め、その思いに寄り添う形で、「現実のビジネスソリューション」を創り上げるのが私たちの使命です。

　　分析コンサルティングは、たくさんの貴重な機会に恵まれている職種だと感じます。当社で働く分析官・エンジニアのバックグラウンドはさまざまですが、職種の性質上、業界や技術領域を問わない「データ分析の汎用的な技能」を追求するメンバーが多く、またその視野の広さが、クライアントにとっての当社の価値の源泉になっています。

　　近年のAIブームのなかで、さまざまな企業がAI導入を模索・検討されていますが、まさに前線に携わっている私たちは、それに確実な可能性を感じる反面、ブームの限界をも身をもって感じています。この大きな流れを一過性のものとせず、この潜在的可能性を実体のあるビジネスにしていく責任を我々が担っている、そんな自負を胸に、日々の業務に当たっています。本書も、まさにそうした思いから執筆しています。本書が、AIが適切にビジネスで活用され、一層の価値をつくり出すきっかけの一つになればと願っています。

　　最後に、ブレインパッドでは未来を一緒に切り開いていく仲間を求めています。AIブームの昨今、一口に「分析官」「データサイエンティスト」と言っ

てもさまざまな職務内容のポジションが世の中に現れ始めています。そのな
かでも、当社の分析コンサルティングは、ビジネス観点と技術的観点がとも
に求められる要求度の高い仕事です。両方を貪欲に身につける意欲、謙虚さ、
志、そしてデータ分析の可能性に対する思いをおもちの方は、キャリアの一
つの選択肢としてぜひご検討ください[1]。

2.2 ‣ 機械学習手法の分類と典型的手法

　本節では、機械学習手法（アルゴリズム）の分類を示し、典型的手法を紹
介していきます。

　各手法の技術的な詳細は巻末にあげたような他書を参照いただくとして、
本節では応用の観点からそれらの手法を整理し、適用手法を検討・選択する
際に必要な最低限の内容をまとめていきます。この程度を押さえておくだけ
でも、大まかな方針決定には役立つことがわかると思います。手法よりもビ
ジネス適用の観点に興味のある方は、本節を飛ばしても結構です。

▌ 機械学習手法の大まかな分類

　まずは機械学習手法を大きく2軸で分類すると図2.3のようになります。
表の**各列は学習のためのデータ種別**を表し、モデルを学習する際の指標とな
る「正解（教師）データ」（これは図2.2の「過去実績」に相当します）が
明示的にデータに含まれているか、いないかの区別する軸になっています。
前者を「**教師あり学習**」、後者を「**教師なし学習**」と呼びます。さらに、近
年AlphaGoに搭載されて話題になった「強化学習」や、部分的に「教師」
が含まれているデータに対する「半教師あり学習」などは、この文脈では中
間に位置します。一方、**各行はモデル表現の複雑さの軸**になっています。以
下に述べるように、モデルの複雑度はモデル結果の解釈性（解釈のしやすさ）
に直結します。表には、各ドメインでの**典型的**な機械学習手法を記載してい

---

[1] http://www.brainpad.co.jp/recruit/

図 2.3　機械学習手法の大まかな分類

ます。

　実際のビジネス適用では、「データ種別」に関しては、分析課題や保持データからくる制約などにより自ずと決まる場合がほとんどです。一方、「モデル表現の複雑さ」の選択は、それに比べてやや非自明となります。しかし、これは実はデータ種別の選択と同程度、もしくはそれ以上にビジネス適用上で重要な観点となっています。以下では、この軸の意味について見ていきます。

分析手法の複雑度と解釈性の考慮

　表 2.1 に、典型的な教師あり学習の機械学習手法をもう少し詳しく記載しました。ビジネス適用を図る際に最も配慮が必要になってくるのが、**構築モデルの結果の解釈性**です。前節で説明したように、機械学習とは、入出力の間の有効な関連性を与える「入出力のボックス」をデータから機械的に構築するものです。モデルの解釈性とは、構築された関連性が、分析者や分析結果の活用者にとって理解しやすいかどうかの指標です。入出力ボックスの「透明性」のことだと表現してもよいかもしれません。

　表中の回帰手法など「古典的なアルゴリズム」（複雑度の低いモデル）は、データ生成の背景に統計分布を仮定するなど一定の仮定をおくことによって、構築するモデルの構造を単純化し、より本質的な少数のモデル内変数に

表2.1 代表的な教師あり学習手法の特徴と構築モデルの複雑度

種別	特徴	結果の解釈 易←→難	モデルの複雑度 低←→高
回帰（一般化線形、ロジスティック、ポアソン etc.）	データに対して各統計分布を仮定し、データに合うように分布のパラメータ、各説明変数の発生確率を調整し、目的変数の発生確率を推定する手法。計算が速くデータ分類の解釈が容易。		
決定木	木構造（条件分岐）によって入力パターンに対応する目的変数のクラス分類を決定する手法。計算が速くデータ分類の直感的な解釈が可能だが、頑健性が低い。		
ランダムフォレスト	複数の決定木の結果を合わせて、多数決によって入力パターンに対応するクラス分類を決定する手法。分類精度は高いが、計算はやや遅く、データ分類の解釈に注意が必要。		
SVM	データを高次元の空間に非線形写像し、高次元空間において線形的なアプローチでの分類を決定する手法。分類精度は高いが、データ量が増加すると計算が遅くなり、またデータ分類の解釈に注意が必要。		
多層ニューラルネットワーク（CNN, etc.）	人の脳の学習機構をコンピュータ上で模してクラス分類を行う手法。分類精度は高いが、モデル調整が難しく、計算が遅い。またデータ分類の解釈が困難。		

よって入出力間の関連性を記述しようとするものです。入力データの学習によって調整・抽出されたそのようなモデル内変数は、入出力間の関係性の本質を捉えるものと考えられます。そのため、古典的な手法では、入出力の関係性についての知見を得やすくなっています。またそれに伴って、構築したモデルの改善もより直接的に行えます。

これらのアルゴリズムが実際に使われている事例としては、

- マーケティングにおける、広告施策の効果検証
- 人事業務における、行動データに基づく人材評価

などがあげられます。これらのビジネスの場面では、データから得られる情報は限定的であり、分析結果に後から補足情報を加えたり入力解釈したりすることが必要となります。そうしたケースでは、古典的な手法が使われる傾

向にあります。

一方、発展著しい多層ニューラルネットワーク（深層学習）に代表される「発展的なアルゴリズム」（複雑度の高いモデル）は、上記のような仮定を取り除き、より直接的にデータから関係性を得ようとします。これらのアルゴリズムは、データから入出力関係を「機械的」に構築するという機械学習本来の目標を追求していると言えるかもしれません。データに内在する複雑な関連性を捉えるため、発展的なアルゴリズムのモデルはより多くの変数をもちます。それにより**柔軟性の高いモデル**になっている反面、学習の結果得られる変数も互いに複雑に絡み合い、構築されたモデル自体から変数間の関係についての知見を得ることは相対的に難しくなります。そのため、多くの場合には低次元への埋め込みや入出力関係のシミュレーションなどを通して、モデルが記述する入出力関係の妥当性を間接的に判断することになります。

これらのアルゴリズムが実際に使われている事例として、

- 製造ラインにおける、撮影画像による異常検知
- コールセンターにおける、会話の音声認識

などがあります。データに業務判断に十分な情報が含まれており、かつ自動化の恩恵が大きい場面に適用される傾向にあります。

┃ 適用業務に応じた、適切な分析手法の選択

以上のように、モデルの解釈性と柔軟性はトレードオフの関係にあり、用途に合わせて手法を選ぶ必要があります。

また、前節でも集計や可視化について触れましたが、人が介入して結果を解釈することもあります。分析者や担当者の経験や知見など、データに含まれない観点を応用できるという利点があり、結果から得られる知見も、単にデータ分析の結果を直接用いるよりも、より一般性・汎化性をもった深い洞察が得られやすい傾向にあります。このような知見が必要なプロジェクトフェーズやビジネス環境においては、集計・可視化に加え上記の「古典的なアルゴリズム」が多く用いられます。

一方、人の介入によるバイアスが問題となる場合や自動化、適用範囲、必

要精度の観点からは、そのような介入や仮定がビジネス適用の妨げになる場面が多く見受けられるのも事実です。そのような場面では「発展的なアルゴリズム」の利用が検討されます。この組み合わせを間違えると、ビジネス適用の主旨にモデル結果が沿わず、分析の価値が発揮されません。

　筆者らが分析官として分析に当たる際も、分析課題や適用場面、分析から得たい知見、またはプロジェクトフェーズに合わせて、適用するべき手法を適切に選択・組み合わせています（ただし、もちろんはじめから正しい手法を選べるわけではなく、試行錯誤しながらですが）。なお、今回は教師あり学習の手法に基づいて説明しましたが、これらの定性的な性質は、教師なし学習や強化学習においても一般的に成り立ちますので、手法検討の際に広く参考にしてください。

　また、外部の専門家に分析を依頼する際には、結果を業務活用する際にどのような情報を用いて意思決定するかを、プロジェクトのできる限り早い段階から具体的に明示することを推奨します。それにより、手法の選択ミスを防ぎ、「分析をしたが、業務に使えない」という結果を避けられるはずです。

その他の配慮点

　最後に、解釈性と柔軟性の観点以外で、分析官が配慮している観点について簡単に述べたいと思います。表 2.2 に上記の 2 手法の代表的な特徴をまとめました。表にあるとおり、ビジネス適用に際しては、解釈性と柔軟性以外に、モデル学習に用いられるデータの質や量、分析にかけられる時間的・人的コストなども配慮すべきポイントになります。現在、各手法の難点を緩和するためのさまざまな工夫がなされている只中ではありますが、これらの基本的な観点をもとに、まずはおおまかに選択すべき手法の目処をつけることで、効率的に分析業務が進められるでしょう。

表 **2.2**　機械学習の古典的／発展的アルゴリズムの（柔軟性と解釈性以外の）違い

	古典的アルゴリズム	発展的アルゴリズム
代表的手法	線形回帰、決定木	多層ニューラルネットワーク
パラメータ数	少ない	多い
学習計算コスト	少ない	多い
モデルの可読性	● 人の介在余地が大きく、解釈が容易。 ● 精度改善の方針などが検討しやすい。	● 人の介在余地が小さく、解釈が難しい。 ● 要因などがわかりにくい。
特徴量作成コスト	人の介在余地が大きく、人手による特徴量作成の必要がある。	人の介在余地が小さく、人手による特徴量作成の必要がない。
求められるデータ	質の悪いデータや少ないデータでも、人手の工夫にて対応可能。	データの質、量ともに高いデータが求められる。
表現力・精度	複雑な表現ができず、精度が相対的に低くなりやすい。	表現力が高く、精度が高くなりやすい。

2.3 ▶ データ分析で得られる価値：従来システムとの類似点

　本節では、ビジネス適用の観点から、データ分析を通して得られる価値について説明します。

　2.1 節において、典型的なデータ分析手法である機械学習の特徴を説明しました。ビジネス適用の観点から眺めた際に、これらのデータ分析手法を用いた結果から得られる価値としてはどのようなものがあるでしょうか。これらを感覚的に理解することを通して、あなたが取り組んでいる課題に対してデータ分析がどう適用できるか検討してみてください。

▌機械学習システムと従来システム

　2.1 節で述べたとおり、機械学習、もしくはより広くデータ分析の手法は、データに基づいた入出力ルールの（自動）構築であり、広い意味でルールの手続き化・標準化に当たります。したがって、そのビジネス適用の価値は、**手続き化や標準化によって既存の業務を支援・拡張・代替するような仕組み**

（＝「システム」）を構築することが可能になる点にあります。「24 時間・365 日稼動してくれる機械や人的サービスがあったら、やってもらいたいこと」をイメージするとよいかもしれません。

　一方、機械学習（やデータ分析一般）に基づくシステム以外の、従来の一般的な業務システムについて考えてみましょう。テンプレートなどに基づいて所定の手続き（ルール）を人手で定義し、業務効率化を図るものです。身近なものとして、セールスフォースやスプレッドシートなどの業務システムをイメージするとよいでしょう。ここでは、そのような人手によって構築される手続き的なシステムを「従来のシステム」、機械学習やデータ分析によるデータに基づくシステムを「機械学習システム」と呼ぶことにします。

　さて、上で述べた「手続き化や標準化」といった機械学習システムの価値は、従来のシステムがもたらす価値と同様であることは、それらを日々活用されている読者であればすぐにご理解いただけるでしょう。両方のシステムが共通してもたらす価値としては、

1. **状況把握ができる**：入出力ルールの構築により、手続きの標準化が可能で、状況の客観的監視・把握が可能になる
2. **反復と再現ができる**：入出力ルールの自動構築により、手続きの反復と再現が可能になる
3. **予測・シミュレーションができる**：過去のパターンに沿った入出力ルールの構築により、新規の入力に対しての出力（予測・シミュレーション）ができる
4. **要因把握ができる**：過去パターンに沿って構築されたルールから、どのようなルールが重要なのか、定量的な検討ができる

などがあげられます。

▋ 具体例：異常検知システム

　例として、センサーデータや画像データを入力とする異常検知システムの構築をあげてみましょう。今までは人手で監視をしていた業務を、「常時稼働可能な機械で置き換えよう（ないし支援してもらおう）」と考えたとします。

　このとき、「1. 状況把握ができる」には、システムによって、人手で行ってきた異常検知を機械的な手続きに置き換えられるという直接的な価値や、担当者の熟練度のばらつき（属人性）を低減させることができるという間接的な価値が対応します。

　「2. 反復と再現ができる」には、機械的なシステムに置き換えることによって、絶え間ない監視が可能になるという価値が対応します。いついかなるときも所定の質を保つことができる点もこれに対応すると言えるでしょう。

　「3. 予測・シミュレーションができる」としては、過去データに基づき構築した異常検知モデルを現在データに適用し、（過去パターンが現在も継続する仮定のもとで）現在の異常判断の意思決定を適切に行うことが可能になることなどがあげられます。

　「4. 要因把握ができる」としては、構築した異常検知基準がどのような入力要因によって生じているのかを定量的に把握できることがあげられます。そうした要因は、手法によっては間接的にしか得られない場合もありますが、いずれにせよ業務自体や後続の検知システムの改善のためのフィードバックとなります。

　これらの価値は、あくまで業務をシステムに置き換えることによって生じるものです。そのため、システム自体が機械学習に基づいて（もしくは、より広く何らかのデータ分析に基づいて）構築されたか、人の判断基準に基づいてルールベースで構築されたかに依存しない価値となっています。したがってこれらの観点に関しては、従来のシステムと同様に直接的・間接的なビジネスインパクトを考慮し、導入や適用を検討することになります。

column　深層学習技術の発展と特徴

　深層学習（ディープラーニング）が一躍有名になるきっかけとなったのは、2010年代初頭にグーグル社が示した驚くべき結果でした[2-1]。これは、大量の画像データから、深層ニューラルネットワークが高次の特徴（猫の画像など）を自動学習したとするもので、大きなインパクトを与えました。その後、深層学習は、それを支える計算機科学や計算機資源、データ収集基盤の発展とともに、目覚ましい発展を遂げています。現在もさまざまな手法が模索されており、まさに黎明期となっています。

　ビジネス応用の視点で眺めたとき、この大きな流れには二つの特徴があります。一つ目は、2.2節で簡単に記載したとおり、特徴量を自動学習できる点。つまり、人の介入を必要とせず、より直接的にデータに基づいた複雑で高精度な学習が可能であることです。二つ目は、デファクトスタンダード化を狙う各研究コミュニティからの積極的な基礎技術の共有が行われている点です。それらの特徴によって、深層学習の技術に取り組んだり応用したりする敷居は大きく下がっており、分析を専門としない方々が裏側の詳細な仕組みを深く把握することなしに、基礎技術の組み合わせによって、さまざまな複雑な課題にも柔軟に応用できるようになっています。

　典型的な応用例としては、「画像分析」と「言語分析」を組み合わせた画像のキャプショニング[2-2]があります。従来、キャプショニングは画像分析と言語分析それぞれの領域の研究成果として発達した複雑な特徴量を組み合わせて行われていましたが、深層学習では一つの枠組みのなかで、一気通貫に、直感的な分析が可能になっています。

　もちろん、深層学習の枠組みには、解釈性や冗長性などの課題も残されており、今後のさらなる洗練が望まれます。しかし現時点ですら、深層学習は大変見通しのよい分析の枠組みとなっています。興味のある方はその詳細を調べ、自身の課題への応用を検討してみてはいかがでしょうか。

2.4 ▸ データ分析で得られる価値：従来システムとの差異

　本節では、ビジネス適用の観点から、データ分析を通して得られる価値、とくに前節で述べた従来のシステムとの差異について説明します。

　前節において、データ分析が業務にもたらす価値の従来のシステムの価値との類似点を説明しました。一方、2.1節で見たとおり、広くデータ分析は「データに基づいて入出力のパターンを構築する」点にその特徴をもっています。その特徴から、業務システムに代表される人手によるルールベースのシステムとは異なる性質をもちます。

▎データ分析手法のボトムアップな性質

　表2.3に二つのアプローチの特徴とその長所、短所をまとめました。それらの長所と短所は互いに相反する性質をもっています。人の判断基準に基づいてルールベースで構築された従来のシステムは、入出力ルールを人の介入によってトップダウンに定めるのに対し、広くデータ分析、とくに機械学習手法はその入出力ルールをデータに基づきボトムアップで（自動的に）定め

表 2.3　アプローチ間の違い

	従来のシステム （人手のルールベース手法）	機械学習システム （機械学習／データ分析手法）
特徴	入出力ルールを、手動でトップダウンに定める	入出力ルールを、データに基づきボトムアップに自動で定める
長所	● 直感的に分かりやすい ● 仕様が定義しやすく、リスクが読みやすい ● 業務の全体像をつかみやすい ● データがない状態から立ち上げが可能 ● 調整には時間がかからない	● 客観性を保つことができる ● 再現性・汎用性を保つことができる ● 複雑な状況も捉えやすい ● 初期設定には時間がかからない
短所	● 客観性を失う可能性がある ● 再現性・汎用性を失う可能性がある ● 複雑な状況は捉え難い ● 初期設定に時間がかかりがち	● 直感的にわかりにくい ● 仕様が定義しにくく、リスクが読みにくい ● 業務の全体像を失いがち ● まずデータを収集する必要がある ● 調整に時間がかかりがち

2

データ分析の基礎を押さえる

ます。それらの特徴に起因して、データ分析や機械学習手法によるアプローチは相対的に客観性や柔軟性、初期コストに長所をもつ一方、ボトムアップであるがゆえに、

- ビジネス適用の全体像を見失いがちである（「技術のための技術」になりがち）
- 仕様や性能の定義やそのリスク評価が難しい（ブラックボックスになりがち）
- まずデータを収集する必要がある

などを短所とします。

▌ 具体例：異常検知システム

　前節であげた異常検知システムの例に沿って、違いを具体的に考えてみます。さらに例を具体的にして、ここでは「工業製品の生産ラインの製品画像をもとに、製品サイズや表面の状態から欠陥商品を判別するシステム」だとしましょう。

　まず、人手によるルールベース手法の場合、担当者の過去の経験に基づき「異常」とはどういうものか（たとえば「指定のサイズよりサイズが大きい」や「色が指定の色と異なる」など）を事前に定義します。精度の高い検知システムを構築するためには、さまざまな特徴をもつ「異常」を事前に洗い出し、各特徴に対する判断基準を適切に定義していく必要があります。一方、機械学習（教師あり学習）手法の場合、典型的な「異常」状態を示す画像データを収集し、それらに「異常」であるというラベルを付与した画像データを準備します。それらを「正常」の画像データとともに学習させることで、どのような特徴が異常に紐づくのか（たとえば「製品のサイズが平均値からずれるほど異常である可能性が高い」や「製品の色が基準からずれるほど異常である可能性が高い」など）をデータから自動的に学習します。精度の高い検知システムを構築するためには、学習のために十分な量（と質）のデータを事前に収集する必要があります。

▌ 機械学習システムの長所と短所：異常検知の例で

　このような機械学習手法によるシステムは、人手のルールベース手法とは

異なり、担当者の知見を（直接的には）必要としません。データに基づき発見するため、

- より頻度の高い異常を優先的に発見するなど、客観性や柔軟性が高い
- 「形状の変形」など、人手では定義や判断が難しい複雑な特徴を目的に応じて適切に学習できる
- 「異常」の詳細な特徴の洗い出しや、その都度の定義が不要。ラベル付けのみで済むため、初期定義にかかるコストを圧縮することができる

といった長所があります。一方、

- 学習のために、まずは十分な量（や質）の「異常」を含むデータを収集する必要がある
- 「異常」の特徴はデータから学習されるため、事前に定義・把握できず、どのような特徴が学習されるか、その検知精度や検知ミスのリスク、ビジネスインパクトなどが読みにくい
- 実際の業務オペレーションを考慮すると、実は学習用データの事前収集が難しかったり、実業務環境での画像が学習・検証時のものと大きく異なり検知の処理速度や精度を著しく下げてしまったりなど、当初の目的と齟齬が生じがちである

といった短所があり、これらはビジネス適用を図る際の壁となりやすい点です。

長所・短所を把握し、適切に組み合わせる

　ビジネス適用においては、これらの長所・短所を把握しながら、適用業務や業務フェーズに応じてどちらのシステムが適切か、判断・選択することになります。筆者が経験した案件のなかでも、データが十分に蓄積されていなかったり、機械学習に対する現場担当者の理解が十分でなかったりするような場合があります。そうしたプロジェクトでの立ち上げフェーズでは、人手でのルールベースの判断を補助的に加えながらシステムを運用し、運用を続けるなかで、データの蓄積や利用データの改善、担当者の理解向上を図りな

がら徐々に機械学習ベースのシステムに切り替えていきました。

　加えて、2.2節で見たように、システム内で利用する機械学習手法においても、アルゴリズムによってはルールベースや人の介入と親和性の高いモデルを構築することも可能になっています。

　このように、表2.3の区分けは実はそれほど明確なものではありません。また、実際のビジネス適用においては両者を組み合わせて短所を補完することも多々あります。

　ビジネス適用を実現するための仕組みやシステムの構築においても、前節のアルゴリズムの選択と同様、基礎となるデータ分析や機械学習手法の長所・短所を把握したうえで、ルールベース手法を含めた適切な組み合わせや取捨選択を図ることが肝要となります。

　次節では、これらの短所を補うために、我々分析官がデータ分析で業務の課題解決を図る際に配慮している点について説明します。

2.5 ▸ データ分析をビジネス適用する際の留意点

　本節では、機械学習やデータ分析をビジネスに適用する際に注意すべきポイントをまとめておきます。前節で述べた機械学習システムの短所をいかに補うかという視点で考えてみましょう。

▌短所を補うための主な工夫

　前章の短所に基づき、以下の主たる4点をあげます。

1. 分析遂行前に業務におけるユースケースや必要な入出力情報、必要精度や評価指標を明確にする

　　データに基づいたボトムアップの分析となるため、適用業務の全体像を見失いがちになります。そこで、分析を始める前に、分析結果を適用する場面や必要な入出力データをより具体的にする必要があります。また、ビジネス適用に際して担当者の意思決定に必要な分析結果の情報や精度を明確にし、それらに沿った分析の設計（学習・評価データの構築やモ

デルの評価指標の選定など）を行う必要があります。

2. 初期段階で概念検証（PoC）段階を設け、適用可能性やリスクを把握する

　手続きがブラックボックスになりがちで、データの質や量、選択手法に依存して発揮性能が大きく変動するため、試行錯誤による初期模索を行う概念検証（PoC）の段階を経ることによって、手法のビジネス適用可能性や、精度などの発揮性能にまつわる潜在リスク、そのビジネスインパクトを早くから把握する必要があります（→ PoC については第 5 章参照）。

3. ビジネス適用に際しては、人の判断の入る余地を残す

　得られる結果が直感的にわかりにくくなったり、データ環境やビジネス環境の急激な変化に学習モデルが追随できなくなったりすることがあります。ビジネス適用に際しては、適用先の担当者の理解や納得を得る必要があります。また、潜在リスクに対処するため、結果に対して人手による調整を加える余地を残しておくことや、それをしやすくする工夫が必要となります（→ビジネス適用については第 6 章参照）。

4. 必要なデータを収集、分析する環境を確保する

　モデルの試行錯誤や運用において、新しいデータの追加や収集・蓄積の必要性が発生します。また、複雑なモデルの学習には大量のデータが必要となるケースもあります。取り組み課題や分析手法、業務・運用段階に応じて、これらの変化に柔軟に（かつ安定的に）行える適切なデータ収集、分析環境を確保する必要があります（→準備・環境については第 6 章参照）。

　第 1 章であげた「七つのリスク」との関連で言うと、**1**. と **2**. は「時間と成果が比例しないリスク」「分析結果に関するリスク」「分析結果が活用されないリスク」、**3**. は「システム化するときのリスク」「データのトレンド変質に関するリスク」、**4**. は「データの量や質が不十分なリスク」「データへ依存するリスク」を、それぞれ回避しようとするための工夫です。

┃ 実務での経験と心がけ

　これらの留意点に関連して、分析遂行やビジネス適用の障害となる問題を表2.4にあげてみました。担当分析官が現場の課題やビジネスインパクトを置き去りにして分析を進めてしまうケースや、現場担当者がデータや分析の実態を把握しないまま、データ分析に過度に期待してしまうケースはよく見られます。

表2.4　よく見られるビジネス適用上の問題点

課題	問題点	必要な対応
1.　ビジネスの理解	分析官とビジネス現場の担当者とのコミュニケーション不足のため、分析のゴールがビジネスの目的と乖離してしまう。	ビジネス上の課題を理解したうえで、その課題達成に向けた適切な分析設計を行う。
2.　データの理解・準備	データを整理・集計した結果、分析に使用できるデータが少ない／存在しないことに気づく。	データの質と量を把握して、ビジネス課題の達成に向けて必要なデータを収集・加工して準備する。
3.　評価指標の選択	分析官とビジネス現場の担当者が、評価指標について合意を得ないまま、ビジネス現場の目的と乖離した評価指標が選択されてしまう。	ビジネス課題の達成度を測る指標と、分析精度を測る指標が一致するよう、適切な評価指標を選択する。
4.　ビジネスインパクトの算出	分析官とビジネス責任者が、分析の評価指標について合意を得ないまま、ビジネスインパクトと乖離した分析が遂行されてしまう。	ビジネスインパクト指標と分析評価指標を結びつけるよう初期設計／初期概算し、分析進捗のなかで適宜省みながら分析を進めるかどうかの判断を行う。

　筆者が経験した案件でも、各種要因に基づく予測モデルを構築したものの、実は業務上その要因に関するデータが予測のタイミングでは収集できないことが後から判明し、そのモデルが活用できなくなったことがあります。また、PoC時のデータに実際の業務時とは異なる偏りが存在していたことがモデルの過大評価につながり、ビジネス適用時に想定どおりの性能が発揮できなかったこともあります。これらはともに上述の1.の注意点に対応します。

　また、技術的に高度な処理を行うことで人手による手間を一層減らすよう工夫を凝らしたものの、実際の現場担当者の信用が得られずに、すぐに活用

できなかったことがあります。このときは、より基本的な処理に基づいた段階的な活用へと方針転換を求められました。この失敗は **3.** の注意点に対応します。

　いずれも、配慮が至らなかった反省とともに思い出される苦い経験です。

　より詳細な例は以下の章で紹介していきますが、**これらの問題が、本章で見てきたデータ分析（機械学習）の基本的な性質やその短所（長所）に密接に関係している**ということを理解いただけると、データ分析のビジネス適用に関する理解が一層深まるのではないでしょうか。

　なお、ここであげた注意点になじみがある読者は少なくないはずです。実際、「局所的な作業に気をとられて全体感を失ってしまうこと」や「現場の視点とのすり合せの不全」や「指標の取捨選択の難しさ」は、データ分析に限らず、どんな業務でも起こることです。しかし、データ分析においては、「すべてはデータから始まる」というそのボトムアップな特性から、こうした問題がとくに現れやすい傾向があります。**結果をどう活用するのかという大局的なビジネス的観点に絶えず立ち返ること**、その指標を明確にすることなどを意識し、分析結果をより効率的にビジネス適用していくようにしましょう。

　実際、筆者ら分析コンサルタントもこれらの点には常に留意しています。課題についての豊富な経験をもっているクライアント企業の担当者の方々と意思疎通を図りつつ、本章で見てきたデータ分析に固有の注意点を理解いただけるよう努めながら、分析業務を進めています。

2.6 ▶ 本章のまとめ

　以上、本章では、データ分析手法の一般的枠組みである機械学習の手続きやその特徴の説明を通して、広くデータ分析に基づいてビジネス課題解決を図る際の留意点について説明しました。

　あらためて、ポイントを整理しておきます。

【データ分析と機械学習（2.1 節）】

- データ分析とは、データからそれを生み出している背景事象の性質を明らかにする試みである。
- 機械学習は、データからその入出力間のパターンを自動的に学習する手法である。
- 機械学習モデルの学習は、どのようにビジネス適用するかに応じて適切に設計する。

【機械学習手法の分類（2.2 節）】

- 機械学習の各手法は、「学習に必要なデータの種別」と「モデルの複雑度」の 2 軸によって大きく分類される。
- 分析課題や適用業務に応じて、適切に手法を選択する。

【従来システムとの類似点（2.3 節）】

- 機械学習システムは、入出力ルールの手続き化や標準化によって、既存の業務を支援・拡張・代替することができる。
- その価値は、ルールをデータに基づき自動構築するか、人手で構築するかの違いはあるものの、従来のシステムと共通している。

【従来システムとの相違点（2.4 節）】

- 機械学習システムは、客観性を保てる点や、複雑な入出力関係を捉えられる点を長所とする。
- 一方、適用業務の全体像を見失いがちな点、データ収集が必要になる点、事前に性能が把握しにくい点を短所とする。

【ビジネス適用時の留意点（2.5 節）】

- 機械学習システムの短所となりうる点を補うように分析を進めることで、分析結果を効率的にビジネスの課題解決に活用できる。
- 主な留意点として、以下があげられる。
  1. 分析遂行前に業務ユースケースや評価指標を明確にする。
  2. 概念検証（PoC）段階を設けて適用可用性やリスクをあらかじめ把握する。
  3. ビジネス適用に際しては人の判断の入る余地を残す。

4. 必要なデータを収集・分析する環境を確保する。

　本章で説明してきたとおり、データ分析は、データに潜むパターンを（機械的に）発見し、ビジネスで関心のある対象をボトムアップに理解・予測する試みです。しかし、すでにおわかりのように、それを成功させるためには、ビジネス適用の各場面に応じたトップダウンな視点を絶えず補うことがとても重要です。その意味でも、読者の皆様がプロジェクト遂行などを通して培われている専門的な観点、とくにビジネス企画や設計などの大局的な観点が必要となります。発展著しいデータ分析の技能と各ビジネスの観点とを互いに補いながら有機的に融合させることによって、業務成果を一層拡大させることができます。以下の章で具体的に見ていく分析プロセスを理解し、ぜひ業務応用を検討してみてください。

　本章で記載した内容の詳細については、巻末の参考資料を参照してください。

Chapter **3**

データ分析の仕事の流れを理解する

　ここまで、AI導入の概略と、その主な方法である機械学習の基礎について見てきました。本章からはいよいよ、プロジェクトの進め方について見ていきます。

　第3章ではデータ分析の仕事の流れを理解することを目的として、まず3.1節においてプロセスの概要を説明します。3.2節では架空の中堅商社A社を例に、各プロセスを詳しく見ていきます。3.3節では、外部パートナーの利用方法や利用する場合の留意点を説明します。最後の3.4節において、データ分析プロジェクトの留意点について説明します。

3.1 ▸ データ分析の仕事の流れを理解する

　データ分析の仕事は「データ分析プロジェクトの立ち上げ」「PoC（Proof-of-Concept）」「ビジネス適用」の順番で進めます（→図3.1）。

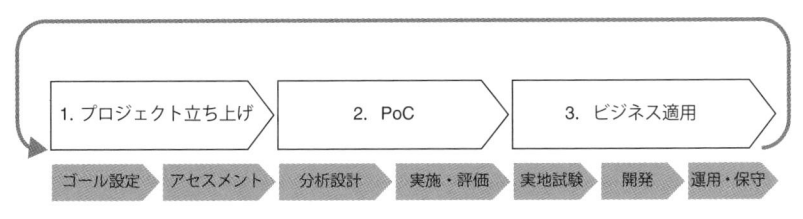

図 3.1　データ分析の仕事の流れ

▍データ分析プロジェクトの立ち上げ

　データ分析プロジェクトは、「プロジェクト目的」と「プロジェクト目標」を決める「**ゴール設定**」から始まります。この二つは似た概念ですが、「プロジェクト目的」はビジネス上の目的であり、必ずしもデータ分析を活用しないと実現できないものでなくてもかまいません。一方「プロジェクト目標」はデータ分析により解決可能な目標になります。

　「プロジェクト目的」と「プロジェクト目標」の設定が終わったら、「データの収集・確認・理解」「チームづくり」を行う「**アセスメント**」を実施します。「データの収集・確認・理解」では、データの入手計画を作成し、データを入手して、そのデータが分析に使えるかを確認します。「チームづくり」では、「プロジェクト目的・目標」を達成するために必要なプロジェクトチームを組成します。

▎PoC

　データ分析プロジェクトを立ち上げた後、データ分析が「プロジェクト目的・目標」を達成しうるかを評価する PoC（Proof-of-Concept）を実施します。

　PoC では、まず「**分析設計**」を行います。ここでは分析に求められる要件を確認し、分析アプローチを考案します。実際にデータをどのように加工してモデルの作成を行うかの詳細な設計を作成し、データ分析の良さを決める評価方法を決めます。

　次に、「**実施評価**」を行います。ここでは、「分析設計」にて作成した詳細な設計と評価方法に基づき、データを加工してモデルを構築・評価します。最後に、結果の考察・改善方針の検討を行い、改善方針に基づき再度モデルを構築・評価します。PoC の時点で得られるのは、あくまでも理論上の評価になります。

▎ビジネス適用

　PoC で十分な結果が得られた場合には、ビジネス適用に進みます。PoC の結果は理論上の評価結果であるため、まずは実際の業務に適用してみて実業務での評価を確認する「**実地試験**」を実施します。実業務でも十分な結果が得られた場合には、実際にデータ分析を実業務に適用するための機械学習システムの「**開発**」に進みます。開発した機械学習システムは「**運用・保守**」することにより、「プロジェクト目的・目標」を達成し、新たな企業価値を生み出すことになります。

▎データ分析プロセスは繰り返す

　機械学習システムは理想的な精度で最初から動くことは稀であり、実際に運用するなかで、今後の改善点等が見えてきます。また、機械学習システムを運用することにより、機械学習システムの活用メリットについて現場の人の理解が得られ、システムの改善に積極的に参加してもらえるようになることもあります。その他、「別のシステムを構築したい」といった要望を得られることもあります。

　このような改善や別のシステムを構築するにあたっては、再度データ分析プロジェクトを実施することになります。このように、データ分析プロジェクトでは繰り返しが発生するのが普通です。

---

column　PoC を実施する理由

　事業投資には、「投資対効果を最大化する」（失敗の場合は「投資するコストを最小化する」）という原則があります。一方、データ分析プロジェクトの特徴として、「実際に実施してみないとプロジェクト目的・目標の実現可能性を評価することが難しい」ことがあります。データ分析を事業投資として考えた場合、これは問題となります。

　そこで、PoC ではコストをかけすぎずにデータ分析を実施してみることにより、「プロジェクト目的・目標の実現可能性の評価」を行います。これにより、実現可能性が低い、プロジェクト目的・目標が達成できない、あるいはプロジェクト目的・目標が達成できたとしても投資対効果が低いプロジェクトを拡大・継続することによる損失の拡大を防ぎます。

　不必要な損失を回避しつつ、データ分析から得られる利益を確保するために、データ分析プロジェクトでは PoC を行うことが多いのです。

3.2 ▶ データ分析の仕事の流れの例

　以降、データ分析の仕事の流れについて、架空の中堅商社 A 社の例で説明します。

▌データ分析プロジェクトの立ち上げ

 A 社 B 君の事例

　中堅商社 A 社では毎月 20 万件の支払が発生し、業務部の 100 人の担当者が請求書の支払業務に関わっています（→図 3.2）。A 社は昨今の人手不足による採用難から請求書の支払業務の効率化を検討しており、AI を活用した請求書

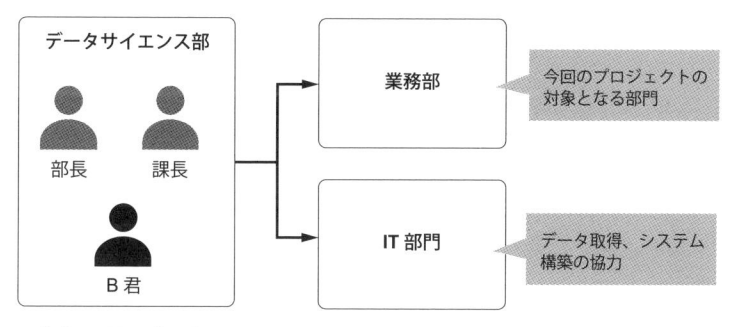

図 3.2 A 社のプロジェクト体制

の支払業務の効率化プロジェクトを立ち上げました。A 社のデータサイエンス部の部長がプロジェクトの責任者であり、課長がプロジェクトマネージャー、プロジェクトの実務作業者として B 君がいます。プロジェクトの実施においては、IT 部門にデータ取得やシステム構築の協力をお願いすることになっています。

ゴール設定

B 君はまず、請求書の支払業務を理解するために、業務部の部長に頼んで実際に請求書の支払業務を実施することにしました。実際に 1 か月程度請求書の支払業務を経験するなかで、請求書の支払業務は次のように行われていることがわかりました（→図 3.3）。

最初に、A 社は発注システムを使い発注します（①）。発注先は商品を A 社に送付して（②）、A 社の検収担当者は送付された商品が発注内容と一致する

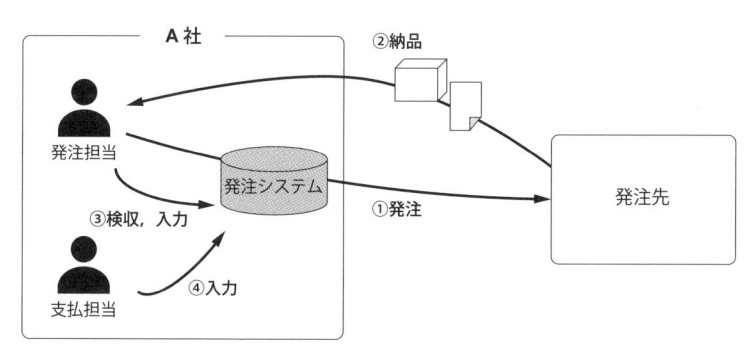

図 3.3 発注から支払までのプロセス

かを確認したうえで、納品書の内容を確認し、発注システムに検収内容を入力します（③）。支払担当者が請求書の記載内容をシステムに入力します（④）。システムは、入力された請求書の内容、発注内容、検収内容を照合し、一致するかを確認します。支払確認者がシステムによる照合内容を確認します。調べてみたところ、支払担当者の請求書の記載内容の入力精度は 99％程度でした。

　プロジェクトチームは、AI では精度を 100％にすることは難しいと考え、確認業務は人が実施する作業として残すことにしました。そして、業務効率化の効果が高く、データ分析の問題として扱うことができそうな「支払担当者が請求書の記載内容をシステムに入力する」部分の自動化を目指すことにしました。

　そして、プロジェクトチームは「請求書の内容の入力の自動化」というビジネス課題を、以下のようにデータ分析の問題に整理しました（→図 3.4）。

　　プロジェクト目標：発注システムへの請求書の入力を自動化するため、画像の画像データから「発注先名、発注内容、金額」を認識できるようにする。

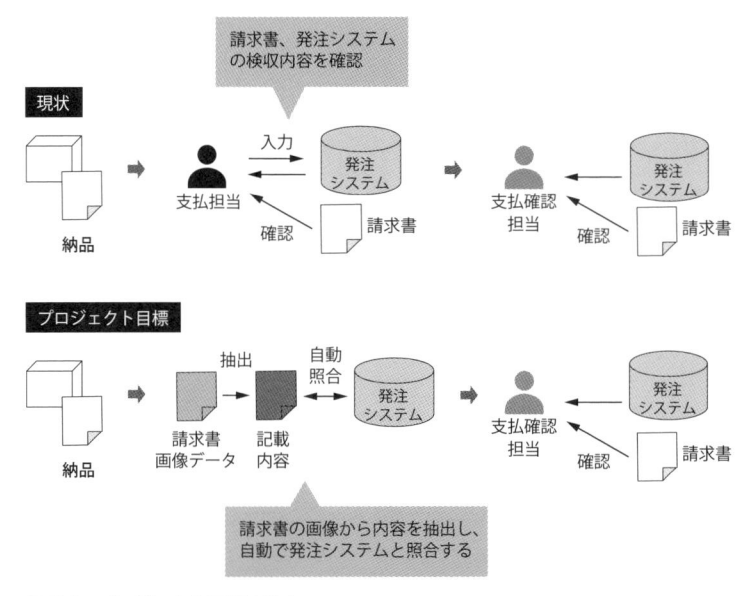

図 **3.4**　プロジェクト目標の設定

アセスメント

プロジェクトチームは、この後、実際にプロジェクトを進めるための計画（スケジュールの作成、データの準備、作業スケジュールの作成、プロジェクトに関係する部署への協力のお願い、実施環境の整備等）を行います。

プロジェクトチームは、IT部署にお願いして、発注システムに保管されている過去の「請求書の画像データ」と（発注および支払に関する）「請求書日、発注先名、発注内容、金額」のデータを入手しました。具体的には、過去3年間の約3,000,000件の「請求書の画像データ」とそれに対応する「発注先名、発注内容、金額」のデータです。

担当者のB君はこれらのデータの一部を抽出し、データの内容を確認しました（→図3.5）。データを見ると、請求書の形式は発注先ごとに独自のフォーマットが使われているものの、左上または右上に発注先名の記載があり、真ん中に発注商品名の記載があり、下に金額の記載があるという似た特徴をもつことがわかりました。複数枚にわたる請求書や、英語の請求書もありました。

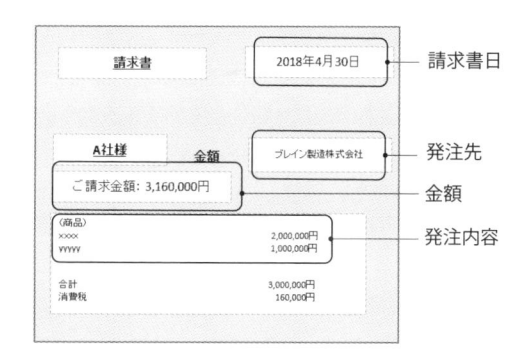

発注データ

発注先	商品名	発注日	検収日	金額（税抜）
ブレイン商事株式会社	xxxxxx	2018/4/1	2018/4/8	2,000,000
ブレイン商事株式会社	yyyyy	2018/4/1	2018/4/8	1,000,000

発注先名　　　　　　　　　　発注内容

支払データ

発注先	請求書日	支払日	金額（税込）
ブレイン商事株式会社	2018/4/30	2018/5/10	3,160,000

発注先名　　　請求書日　　　　金額

図3.5 請求書の画像データと入力内容

　ここまでの例を 3.1 節にて解説した「データ分析プロジェクトの立ち上げ」に当てはめると、「支払業務の効率化」がプロジェクト目的に、「請求書の内容の入力の自動化」がプロジェクト目標に当たります。また、「アセスメント」として、請求書の画像データを取得し、請求書の画像の特徴の調査を実施しています。

▍PoC

 A社B君の事例

　プロジェクトチームは、「ゴール設定」と「アセスメント」を終え、実際に「プロジェクト目的・目標」が達成できそうかを検証するための PoC に入ります。プロジェクトチームは PoC の実際の作業を B 君に任せました。部長や課長は B 君の到達した結果が十分かどうかを評価します。

分析設計

　B 君は、「発注システムへの請求書の入力を自動化するため、画像の画像データから "発注先名"、"発注内容"、"金額" を認識できるようにする」というプロジェクト目標を実現するため、「請求書の画像データ」から「請求書日」領域、「発注先名」領域、「発注内容」領域、「請求金額」領域を深層学習のモデルにより抽出し、それぞれの領域に対して、市販の OCR エンジンを利用して文字データ化することを考えました。B 君はこの分析設計の方針について説明し、プロジェクトチームの合意を得て深層学習のモデルの構築に取り掛かります（→**図 3.6**）。

　モデルの構築にあたり、請求書のデータ全体を見渡して、不鮮明な画像データや発注内容の一部が抜けているデータを除き、代表的なフォーマットをもつ請求書 10,000 件を抽出しました。画像認識を行うにあたっては、データサイズを一定にすることが望ましいため、10,000 件の請求書の画像データのデータサイズを統一します。請求書の「請求書日」領域、「発注先名」領域、「発注内容」領域、「請求金額」領域の座標を新たに教師データとして作成します。プロジェクトチームの指示のもと、業務部の担当者が教師データを作成します（→**図 3.7**）。

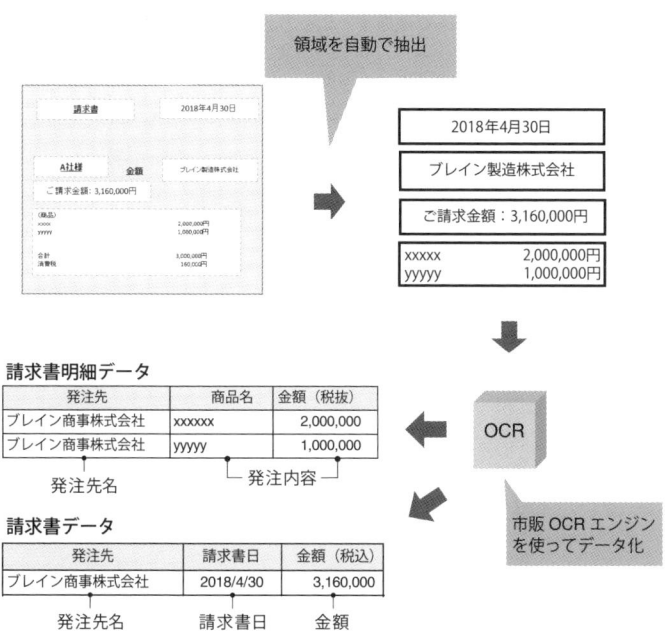

図 3.6 B君の案

発注先	請求書日	領域名	領域_左上のX座標	領域_左上のY座標	領域_右下のX座標	領域_右下のY座標
ブレイン商事株式会社	2018/4/1	請求書日	250	30	400	60
ブレイン商事株式会社	2018/4/1	請求金額	30	200	220	230
ブレイン商事株式会社	2018/4/1	発注内容	30	280	350	350
ブレイン商事株式会社	2018/4/1	発注先名	260	180	400	210
…	…	…	…	…	…	…

教師データは人間が作成

図 3.7 教師データの例

分析評価

　B君は請求書の画像データと作成した教師データを利用して、請求書の画像からそれぞれの領域を抽出する深層学習のモデルを作成しました。作成したモデルで請求書の画像データから領域が抽出できるかを試した結果、次のようになりました。

● おおよそ 50% の請求書：ほぼ 100% 領域を的中

- 30%の請求書：一部領域を外しているが何とか使用可能なレベル
- 残りの20%の請求書：完全に外している

この結果を詳しく見てみると、一部外している30%と完全に外している20%の請求書については、同様のフォーマットの請求書の数が少ない傾向がありました。B君は、教師データを増やすことにより、モデルの精度を改善する余地があると考え、これらに近い記載形式の請求書の数を増やすことにします。

B君は、5,000件の請求書の教師データを追加し、改めてモデルを作成しました。改めて精度を確認すると、

- おおよそ80%の請求書：ほぼ100%領域を的中
- 10%の請求書：一部外しているが何とか使用可能なレベル
- 残りの10%の請求書：完全に外している

となり、前回よりも改善しました。領域抽出した結果をOCRでデータに変換したところ、おおよそ70%の請求書の請求内容については、正しく入力されており、20%には一部間違いが散見され、10%は使えない状態でした。

B君とプロジェクトチームは、このモデルをビジネスに使うにあたり、請求書発行元の企業ごとに精度を改めて確認しました。50%の発注先（請求書全体では75%）に関してはほぼ100%の領域を的中させ、OCRで正しくデータを変換できていました。

そこで、精度が高い発注先に関してはモデルを使って入力業務を自動化し、そうでない発注先については現状の人手による入力を続ける方針で、モデルが活用できそうだという目途を立てました（→**図3.8**）。

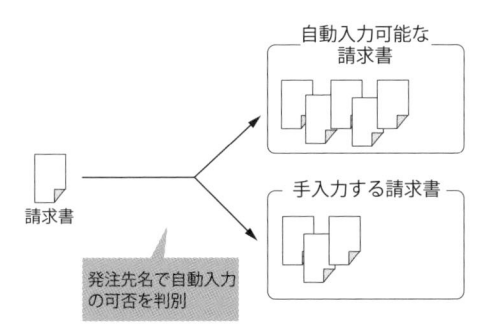

図 **3.8** 自動入力可能な請求書、手入力する請求書

プロジェクトチームは PoC の締めくくりとして深層学習のモデル作成において実施してきた内容を振り返り、以下のようにまとめました。

- ●ビジネスの目的…請求書の支払業務の効率化を行う。
- ●モデルの概要…請求書の内容と発注の内容を照合するため、請求書の画像データから「請求書日、発注先名、発注内容、請求金額」のデータを自動で作成する。抽出にあたっては、「請求書日、発注先名、発注内容、請求金額」の領域を抽出した後に、市販の OCR エンジンを利用してデータに変換する。
- ●モデリング結果…50%の発注先（請求書の内 70%）については、ほぼ100%の精度で入力データに変換できている。残りについては、支払担当者の入力精度 99%を下回る。

A 社は、B 君の作成したモデルを実際にビジネス適用することを決定しました。

　3.1 節にて解説した「PoC」に当てはめると、「請求書の画像データから“発注先名”領域、“発注内容”領域、“金額”領域を深層学習のモデルにより抽出する」という部分と、教師データを作成する部分が「分析設計」に該当します。実際に深層学習のモデルを構築し、三つの領域を抽出し、PoC の実施内容を整理する部分までが「実施評価」に該当します。

ビジネス適用

 A 社 B 君の事例

　プロジェクトチームは、請求書の形式の傾向が期間の経過により変わる可能性が少ないとの理由で、「実地試験」を省略する決定をしました。プロジェクトチームは A 社の取締役会に結果を報告し、A 社はプロジェクトチームが作成した深層学習のモデルを機械学習システム（請求書自動入力システム）として構築し、利用することを決定しました。そして、自社の IT 部門と協力して「請求書自動入力システム」を構築しました。請求書自動入力システムは、A 社の発注システム内の請求書を画像データ化し、処理を行います。処理フローは請求書の発行企業ごとに異なり、システムにより自動化できると認識された発注先については、請求書の内容をデータ化し発注システムに連携します。自動化できない発注先に関しては、従来どおり支払担当者が手で請求書の内容を入力します（→図 3.9）。

　請求書自動入力システムにより、A社は支払業務に関する業務量の20%削減を達成することができました。

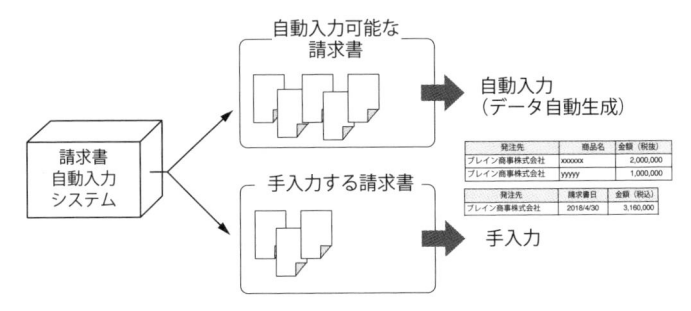

図 3.9　請求書自動入力システム

　3.1節にて解説した「ビジネス適用」に当てはめると、今回に関しては実地試験を行わなくてもビジネス適用が可能と判断したため、実地試験を行っていません。機械学習システムを構築した部分が「開発」、実際に運用して成果を出した部分が「運用・保守」に当たります。

データ分析プロセスは繰り返す

 A社B君の事例

　請求書自動入力システムを、実際に支払業務の現場で運用し始めました。すると、そのメリットを感じた業務部から、現在手入力を行っている残り50%の発注先の請求書の入力も自動化できないかという要望が上がりました。B君が改善の方法を考えるにあたっては、以前よりも現場の人が積極的に関わってくれるようになりました。そこでのやりとりを通して、請求書の類型などについてより深い知識が得られ、新たな改善の方法を考えるのに役立てることができました。

　請求書の自動入力がどうしても難しい形式の請求書については、発注先にフォーマットの変更をお願いするなどし、B君が作成した改善モデルでは約90%の請求書（発注先数で75%）について自動入力ができるようになりました。これにより、A社の支払業務に関する業務量の削減は30%に達しました。

　プロジェクトチームは、今回のプロジェクトの成功体験を活かし、社内の業務においてさらなるAIの活用を考えています。

　プロジェクトを実施すると、そのメリットを感じた部署から新たな要望が受けたり、サポートが得られたりすることがあります。実際の業務の現場からの意見を踏まえた改善を行ったり、新たなテーマに取り組んだりすることになります。このように、データ分析プロジェクトのプロセスは繰り返されていきます。

---

column　AI と RPA

　最近、「RPA」（Robotic Process Automation）という言葉をよく耳にします。これは、オフィス内の事務作業量を軽減するツールとして注目されています。現状では、RPA は人間が実施しているオフィス内の事務作業のうちルール化可能なものを自動化するものであり、ルールに基づいた AI の一種です◆1。

　たとえば、毎月の経営会議のために、部門ごとの売上・営業利益・経常利益等をまとめた報告資料をつくる作業を考えてみましょう。現状では、会計システムや人事システムのデータを、MS-EXCEL などを用いて、決まったルールに従って加工して貼り付けるといった作業を人間が行います。RPAを採用すれば、あらかじめ決まったルールを登録することで、自動で報告資料を作成できるようになります。

　今後、RPA は「ルールに基づく AI」以外の機能を取り込んでいくかもしれません。高性能化した RPA は、オフィス内の事務作業量を大幅に軽減させていくことが期待されます。

3.3 ▶ 外部パートナーの利用

　データ分析において専門的な能力をもつ外部パートナーを利用することがあります。外部パートナーの利用方法と利用する場合の留意点について説明

◆1　A社の例で言えば、ルールに基づく AI の場合は原則的には請求書のフォーマットごとにルールを定義する必要がありますが、深層学習では請求書のルールをある程度自動で学習するため、フォーマットごとにルールを定義する必要がありません。その意味で、A社は現時点でのいわゆる「RPA」よりは高度なAI技術を利用したと言えるでしょう。

します。

外部パートナーの利用方法

　データ分析の難易度はさまざまです。集計・可視化など、研修を受講する
のみで自社内の従業員でも実施できるようになる単純なものから、機械学習
や AI の分野に関して専門的な能力をもつデータサイエンティストや機械学
習エンジニアが実施しなければ難しいものまであります。自社にそのような
専門家がいない場合においては、データ分析の一部の作業を外部パートナー
に依頼することが考えられます。外部パートナーの利用に関して主に以下の
状況が考えられます（→図 3.10）。

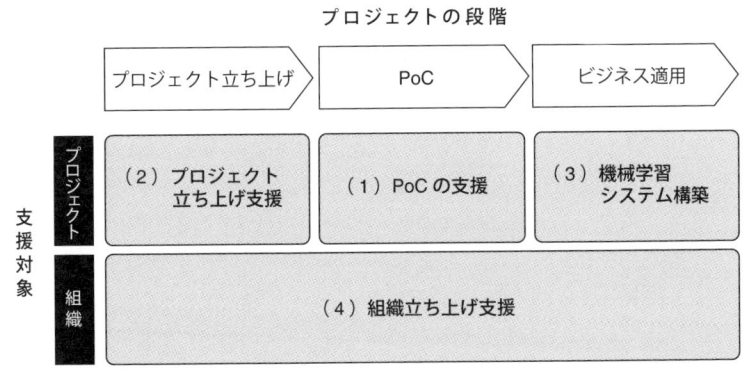

図 3.10　外部パートナー利用のイメージ

（1）PoC の支援：データ分析プロジェクトの立ち上げが終わっているが、自社にデータ分析の実施やモデルを開発できるような人材がいない場合

　　外部パートナーに対して、現在のプロジェクトの状況を説明し確認し
　てもらいます。外部パートナーとの間で外部パートナーが実施する実施内
　容に関して合意が取れた場合には、PoC 実施に関する契約を締結します。
　　プロジェクト目的・目標やデータに問題がある場合は、改めてこの内
　容を実施する必要があるため、自社で実施し直すか外部パートナーにデー
　タ分析プロジェクトの立ち上げのコンサルティングを依頼し、契約を締
　結します。

（2）プロジェクト立ち上げ支援：プロジェクトの立ち上げの段階において、何らかの課題がある場合

　　外部パートナーに現状を説明し確認してもらいます。外部パートナーに現在行えていない内容の実施をサポートしてもらうコンサルティングを依頼し、契約を締結します。

（3）機械学習システム構築：PoC が終わり、ビジネス適用のためのシステム構築を外注する場合

　　この場合は、PoC が終わりデータ分析を業務に適用する意思決定がなされているため、システムを開発する場合は通常のシステム開発の外注と同様に進めます。機械学習システムの構築に実施に関する提案書を外部パートナーから出してもらい、その内容に基づいて契約を締結します。

（4）組織立ち上げ支援：自社においてデータ分析組織を立ち上げたいが、社内に専門家もおらず、どのようにすればよいのかがわからない場合

　　この場合は、組織立ち上げに関して自社内で計画を作成します。計画を作成した後、必要だが自社に足りないリソース・人材をまとめます。たとえば、

- 自社内でデータ活用を進めるため、とりあえずは簡単な集計や可視化の範囲で行いたいが、それができる人がいない
- 競合他社との差別化のためデータ分析を活用したいが、人材がいない

などが考えられます。足りない部分をまとめ、外部パートナーに説明し、その内容を確認してもらいます。組織立ち上げの進め方や実施内容等に関して外部パートナーと合意したら、組織立ち上げに関するコンサルティング契約を締結します。

外部パートナーの選定方法

　　外部パートナーを決めるにあたっては、外部パートナーの過去実績や、ビジネス的な課題の解決能力、技術力（分析力・エンジニアリング力）、外注費用、業務形態（協業、委託）等さまざまな要素を考慮します。

外部パートナーを決めたら、社内の稟議等の手続きを経て発注します。データ分析プロジェクトの場合、失敗するリスクもあるため、データ利活用の構想、実施する内容とともに、リスクについても社内に説明する必要があります。リスクの許容度が低い会社では、現状ではデータ分析プロジェクトの実施を控えるという判断もありえます。

社内の承認が得られたら、外部パートナーとの間で契約を締結します。委託の場合の契約の形態は準委任契約になることが一般的です。これは、機械学習システムの開発を除き、成果物の形態を定めることが難しいためです。本書にて繰り返し見ていくように、データ分析プロジェクトでは外部パートナーを利用する場合でも自社の関与が重要になります。協業の形態をとることもありますが、その場合の契約の形態はさまざまです。

▍外部パートナー利用時の留意点

外部パートナーを利用するにあたり、発注側が理解しておくべき留意点があります。

データ分析プロジェクトは、データを使ってビジネスの現状の課題・問題点を可視化したり、過去のデータから将来を予測したり、現時点での最適な経営判断を導いたりするものです。これは、ビジネスに密接に関わります。しかも、各部署の人員の日々の作業にも大きな影響を与えます。

こうした性質から、データ分析プロジェクトでは、現場で実際に業務に携わっている人を巻き込み、ビジネスに関する情報（傾向、制約、ノウハウ）をプロジェクトに反映させることが成功の条件になります。現場の業務を可視化し、そこにある制約に配慮し、過去のノウハウを積極的に予測モデルに取り入れることなどが必要になります。

●データ分析プロジェクトの立ち上げにおける外部パートナー利用の留意点

データ分析プロジェクトは社内の多くの部署が関与することが多いため、プロジェクトの対象となるビジネスに関係する部署、従業員に協力を取りつけるための社内調整を行う必要があります。また、データの入手のためにIT部門の従業員と社内調整を行い、外部パートナーに自社が有してい

るデータの内容に関する情報を提供する必要があります。

● PoC における外部パートナー利用の留意点

外部パートナーにデータまたはデータにアクセスする環境を提供し、必要
な場合には分析実施のための環境を提供する必要があります。

　また、外部パートナーが成果物を作成したら、その成果物を理解し、プ
ロジェクト目的・目標を満たすか、そして PoC からビジネス適用に進む
か否かの判断をする必要があります。

● ビジネス適用における外部パートナー利用の留意点

外部パートナーが作成した機械学習システム等の成果物が契約どおりに作
成されているか、またそれを実際に現場に導入するための社内調整を行う
必要があります。

3　データ分析の仕事の流れを理解する

---

column　外部パートナーへの発注はフェーズごとに行う

　自社に AI を導入したいと考えたときに、最初から機械学習システムの構
築全体を外部パートナーに発注することが考えられます。

　この章で述べてきたように、機械学習システムは予測モデルを実際に構築
し、精度がどの程度出るのかを検証するまでは、機械学習でどの程度正しく
業務を実施できるのかがわかりません。PoC 等の段階を経ずに機械学習シ
ステムを構築した場合、機械学習システムが完成した時点で初めてその精度
がわかります。

　完成した時点で精度がよく、業務に適合していれば問題ないのですが、そ
うでない場合は業務に使えないシステムになってしまい投資が無駄になって
しまいます。経済的な合理性の観点からは「データ分析プロジェクトの立ち
上げ」「PoC」「ビジネス適用」の三つに区切り、それぞれの段階で必要な契
約をするのが望ましいでしょう。

3.4 ▸ 本章のまとめ

以上、本章では事例などを通じてデータ分析の仕事の流れを理解しました。簡単にポイントをまとめます。

【データ分析の仕事の流れ（3.1 ～ 3.2 節）】

- データ分析の仕事は、「データ分析プロジェクトの立ち上げ」「PoC」「ビジネス適用」の順番で進む。
- データ分析プロセスは繰り返されるものである。

【外部パートナーの利用（3.3 節）】

- 外部パートナー利用は、大きく「PoC 支援」「プロジェクト立ち上げ支援」「機械学習システム構築」「組織立ち上げ支援」に分けられる。
- 自社の置かれている状況に応じ、プロジェクトのフェーズごとに外部パートナーへの発注を行う。

データ分析の仕事の流れの概略を理解したところで、その具体的な内容について、第4章以降で見ていきます。

Chapter **4**

プロジェクト立ち上げ

　前章では、実際のデータ分析の現場でどのようにプロジェクトを進めていくかについて説明しました。以降の3章では、各プロセスについて、その概要とそこで生じやすい失敗事例について見ていきます。

　本章では、プロジェクトの立ち上げる際に考慮しなければいけない点を確認していきます。これまで見てきたように、データ分析は取得されるデータに依存します。分析を進めるなかで新しい分析の切り口が見つかり、それを試してみるような場合もありますし、そもそも当初想定していた結果が出ないこともあります。データ分析プロジェクトは本質的に、こうした試行錯誤の連続となります。試行錯誤している間に当初の目的を見失ったり、ステークホルダーとの調整でプロジェクトそのものが頓挫したりするなど、分析業務以外で気をつけなければいけないことも多くあります。このような失敗を避けるために、本章では分析業務に入る前のプロジェクト立ち上げのタイミングでの注意点を紹介します。

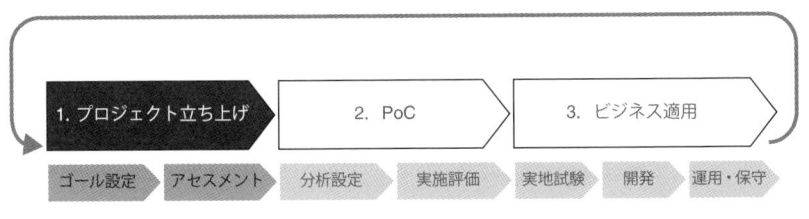

図4.1 データ分析の仕事の流れ（図3.1再掲）

データ利活用プロジェクトにおけるリスク

　第1章で述べたように、データ分析は目的ではなく手段です。手元にあるデータを手当たり次第BIツール◆1へ放り込んでみたり、アルゴリズムにかけてみたりしても、目的にかなった結果が得られることはありません。分析プロジェクトには、集計や可視化による業務指標の確認のためのものや、機械学習のモデリングを伴うものなどがあります。ですが、どんな種類の分析でも、基本的には他の分野のプロジェクトと同様に、「目的の設定」や「スコープの設定」といったプロジェクトマネジメントを実施する必要があります。それにより、不確実性の高い分析業務においても、ステークホルダー全員がそのプロジェクトの目的や各々の役割を正しく認識することができます。こ

◆1　BIツール（business intelligence tool、ビジネスインテリジェンスツール）とは、企業のデータを収集し、蓄積・可視化するためのツール。ダッシュボード機能を利用して、KPIの可視化や異常の把握ができる。

れらのプロジェクトマネジメント手法については、PMBOK[1]などとして標準化されています。

　ここまでの章では、データ分析プロジェクト特有の課題があることを見てきました。それらの課題に対して、データ分析や機械学習システム開発などの業務に馴染みのない方が取り組む際には、一般的なプロジェクトマネジメント手法を流用できる部分とできない部分の線引きが曖昧となり、適切なプロジェクトマネジメント体制が敷かれないままプロジェクトが発足してしまうことがあります。そうした不幸なプロジェクトでは、ステークホルダーから「分析の進捗が見えない、もっと時間をかけて実施しろ」、「こんなわかりきった結果しか出ないなんて分析技術が低いからだ」「こんな古いデータを使った分析結果なんて今さら使えないよ」といった声が聞こえてくることになります。これでは、失敗プロジェクトの烙印を押されてしまうでしょう。プロジェクトのリスクを適切にコントロールするために、立ち上げのタイミングからプロジェクトマネジメントを意識した準備を実施しましょう。

▎データ分析プロジェクト開始の流れ

　プロジェクトマネジメントの考え方を踏まえた、プロジェクトの立ち上げの方法について見ていきましょう。ここでは、一般的なプロジェクトマネジメント手法を流用することができます。そのうえで、データ分析とその結果の活用を失敗させないためには、大まかに下記のような流れで開始するとよいでしょう。

　なお、データ分析業務には不確実性があるため、この後に続く PoC（概念検証）の経過や結果を見ないとわからないこともあります。ここでは、PoC を含めた分析業務を実施する前に、必ず行うべきプロセスを確認しましょう。

◆1　PMBOK（Project Management Body of Knowledge、頭字語として「ピンボック」と読まれることがある）は、「プロジェクトマネジメント知識体系ガイド」（A Guide to the Project Management Body of Knowledge、略称：PMBOK Guide、PMBOK ガイド）の略語です。

【ゴール設定】

1. プロジェクト目的の設定
    - ビジネスの理解
    - 分析結果の活用法検討
2. データ利活用で解決可能な目標の設定

【アセスメント】

3. 活用されるデータの収集と概要把握
4. スコープの設定
5. プロジェクトメンバーの選定と役割の設定

4.1 ▸ プロジェクト目的を設定する

　プロジェクトの最初のプロセスは**目的の設定**です。データ分析というとその分析手法そのものやデータに注目が集まりがちですが、本書で繰り返し述べてきたように、目的のはっきりしない分析からは価値が出ません。昨今蓄積されているデータと分析手法を用いた分析業務の目的としては、「売上・利益の増加」、「新製品・サービスの開発」、「顧客特性把握」、「業務プロセスの自動化・最適化」、「設備稼働率の向上」といったものがあります。ここで設定される目的はビジネス上の目的であり、必ずしも分析技術を活用しないと実現できないものでなくてもかまいません。さらに言えば、ここであげた目的をデータ分析以外の手段を用いて達成できるのであれば、そちらを優先すべきかもしれません。データ分析には、必ず結果が出るとは限らない、データトレンドの変化によって過去の分析結果が継続的に使えなくなることがある、などのリスクがあるからです。

　目的を設定するために下記のプロセスを実施します。

1. **ビジネスの理解**
2. **分析結果の活用法検討**

    （例）
    - アドホックな分析で得られた知見の業務への活用

- 定常的な分析を活かした新サービスの開発
- システムやアプリケーションとしての実装

　ビジネスにおけるデータ分析において、その対象となるビジネスの理解が重要だということは、広く認識されていると思います。一方で、分析結果をどうアウトプットにつなげるかまで見通したビジネスの理解の仕方については、標準的な方法論が整備されているとは言いがたい状況です。

　ビジネスの理解は「何が解決すべき課題か」を考えることはもちろんですが、現時点でもちうる情報をもとに「なぜそうなっているか」や「どのようにすれば改善できるか」といった仮説を検討することが重要です。さらに、この解決すべき課題について、どの程度のコストをかけてよいのか、解決するとどのような利益が得られるのかなど、課題が解決された後（≠分析結果が得られた後）のビジネスのあるべき姿を考えることによって、プロジェクトの意義がより明確になるでしょう。逆に一番やってはいけないのは、「課題がある。だから分析を実施して、何か解決につながりそうな有益な情報を得よう」という目的の立て方です。これは一見合理的ですが、曖昧すぎる目的の立て方と言えます。

失敗事例 No.1 ▶ 目的が曖昧なプロジェクト

　　ある通販事業を営む企業において、販売実績などのデータを有効に活用するためのプロジェクトが開始されました。しかし「有効活用する」という曖昧な目的設定しかなされておらず、「データ分析をすれば何かよい結果が出るかもしれない」との期待感だけが膨らんでいました。こうした明確な目的がないデータ分析では、無数にあるアプローチが手当たり次第に試されることになり、メンバーは非常につらい状況におかれます。

　　そんななか、プロジェクトメンバー以外のステークホルダーから、「今まで実施してきたマーケティング施策の効果を証明する分析をしてくれ」との要望が入りました。プロジェクトメンバーも「よい活用方法だ！」と飛びつき、「当該施策は効果的である」という仮説を立証するための分析に注力するようになりました。しかし残念なことに、手元にあるデータからは施策の有効性を認めるような結果は出てこず、プロジェクトメンバー

は何とかして施策の有効性をサポートするために分析を続けました。最終的な分析結果もやはり「効果はほとんどなかった」というものでしたが、その結果は受け入れがたいものであったため、無理やり「少しは効果があった」と解釈され、その施策にはコストが投入され続けることになってしまいました。

　プロジェクト開始当初の曖昧な目的設定のために、このプロジェクトは分析の方向性を失ってしまいました。売上や利益を上げるという目的から離れ、マーケティング担当者の仮説をサポートすることが目的になってしまったのです。分析期間中にプロジェクトメンバーが辛さを味わったのみならず、無駄な施策にコストをかけ続けるという残念な結果に終わってしまいました。

　目的が比較的考えやすいのは、ビジネスの現状把握のために分析を行う場合です。たとえば、

- プロモーション施策（ウェブサイトの表示方法など）の良し悪しを評価するために A/B テストを行う
- 自社製品を買っている顧客の属性を詳しく調べる

といった事例が考えられます。こうしたビジネスの現状を知るための分析では、分析対象や得ようとしている知見が何であるかが明確となりやすい傾向があります。そのためプロジェクト期間は短くなりやすく、結果の活用法もプロジェクトの目的と結びつけやすいという特徴があります。

　一方、新サービスの開発やアプリケーションへの適用を検討している場合には、より注意が必要です。そもそも新サービスの開発は、分析を伴わない場合でも、難易度が高いプロジェクトです。にもかかわらず、明確なコンセプトをもたずに開始される開発が見受けられます。「手元にたまたまデータがあるので、これを活用した新規サービス開発をしよう！」というわけです。

　サービス開発では、データ分析の前にまずは「サービスのユーザーが受け取る価値」を考えるべきです（第3章の B 君の例を思い出してください）。その検討のうえで、そのサービスを実現するためにデータが必要であれば、収集を始めます。また、そのデータが本当に有用なものかどうかは、収集時

には判断できないことが多いです。後述する「データの理解」や PoC の結果を踏まえて何度も再検討することを前提に、プロジェクトを開始する必要があります。

　最近では、データ分析の結果や、機械学習で得られた学習済みモデルを利用するアプリケーションにおいても、新サービス開発と同様に、複数回の試行錯誤を経て最終的な実装へ進むことになります。機械学習や統計モデルを活用したそうしたアプリケーションは、「データ」という外的要素への依存性をもつシステムだと言えます。そのため、これまでのシステム開発や保守・運用とは異なった知識や組織体制が必要となってきます。プロジェクト開始時から開発後を想定した準備を進めておくことで、「開発したのにすぐに陳腐化してしまった」という失敗を避けることができます。

4.2 ▶ データ活用で解決可能な目標を設定する

　プロジェクトの目的が定まったら、次に検討すべきはデータ活用で解決可能な**目標の設定**です。データの集計や可視化による知見の取得は、膨大な量の切り口からやみくもに実施したところで、何らかの「役に立つすごいもの」が出てくることはまずありません。また、機械学習や統計モデリングを活用するような場合においても、とにかくデータを突っ込めばよいものができるわけではありません。

　ここでの目標は、コンピュータによる計算結果が活かせるような、より具体的なアクションにつながるものでなければなりません。では、よい目標設定／悪い目標設定とは何かについて、具体的に見てみましょう（→**表**4.1）。

　プロジェクト開始時の検討で定められた目標がプロジェクト途中で変更される可能性が高いのは、データ利活用プロジェクトの一つの特徴かもしれません。第 1 章の「七つのリスク」でも触れたように、データ利活用は試行錯誤が必要な取り組みです。とくに次項でも触れる「データの確認や理解」を進める際に、分析の手段と目標との整合性の確認は必須です。その際、この目標が曖昧だと、プロジェクトが実行可能か、目的に沿ったものとなりそうかといった判断ができずに、いたずらに分析に時間を使ってしまう危険性が

表4.1　よい目標設定と悪い目標設定

【よい例】…ビジネス目的、具体的な目標、手元にあるデータ、分析アプローチに妥当性がある。

目的	目標	よいポイント
ECサイト内での売上向上	データから顧客の理解を深め、レコメンドアルゴリズムを洗練させることでCTRを1%向上させる。	ビジネス上の目的と目標が明確であり、かつ関係が明らか。
製造コスト削減	製造物の「①需要を予測」し、必要な資材の量を計算、さらに「②最適化」を実施することで無駄な資材購入を削減する。	ビジネス目的を、需要予測と資材計画の最適化という二つの目標を組み合わせて達成しようとしている。

【悪い例】…ビジネス目的、具体的な目標、手元にあるデータ、手法のどれかに乖離がある。

目的	目標	悪いポイント
データから設計図を書き起こす人件費の削減	深層学習を活用した図面設計AIをつくり出す。	●目標に具体性が欠ける。 ●何かをつくり出すタイプの課題は、記録されているデータ以外の、その業務における常識や暗黙的な知識をもった人間がこなしている業務が対象とされており、データ上の内容をいくら機械学習モデルに読み込ませても目的を達成できない場合がある。
良品・不良品を見分ける業務を自動化・効率化する	機械学習による異常検知を精度99%で実現する。	●アルゴリズムの精度そのものが目標になっており、ビジネス目的と直接的な整合性が取れていない。 ●どのような種類の精度かが不明瞭。

あります。

　昨今のデータサイエンスやAIブームにより、高度なアルゴリズムを活用すれば有益な結果が出るのではないかとの期待感が生まれました。そうしたなか、深層学習や強化学習といった分析手法、あるいはTensorFlowといったフレームワークを活用することそのものが目標になってしまっているプロジェクトも見られます（→失敗事例No.2）。このようなプロジェクトでは、目的と手段が合致していなかったり、成果を出すために適した分析アプローチがとられていなかったり、分析以降のアクションの不明瞭であったりします。そのため期待していた結果が得られず、最悪の場合「高度な手法を用いたデー

タ分析なんて役に立たない」といった誤解を生んでしまいます。うまく活用されれば効果を発揮したであろう手法も、それ以降見向きもされなくなり、機会損失を招いてしまいます。そうしたことは実際多いようです。

失敗事例 No.2 ▶「深層学習を使う」が自己目的化

　以前、ある街の賑わい方とその要因を分析するプロジェクトがありました。ビジネス上の目的は賑わいをもたらす要因を知ることで、その街の振興を図るというものでした。目的の達成のための分析のアプローチとしては、その街のある通りの人流量に影響がありそうな要素を統計的に分析したり、流量予測のモデルを構築したうえで影響ある因子を解析したり、といったものが検討されました。

　プロジェクト立ち上げ時に、「深層学習を使おう」という意見が出ていました。深層学習は、画像認識や自然言語処理など一部の領域で威力を発揮する、昨今の AI ブームを牽引する手法です。一方、結果の解釈性が低いため、要因解析のための分析には不向きです。しかしながら、いつしかこの最新の手法である「深層学習」を使って精度のよい予測を出すことがプロジェクトの目的であるかのようになってしまいました。本当の目的であったはずの要因分析からは遠回りをする結果となり、プロジェクト期間は無駄に延びてしまいました。

---

column　それでもデータ活用（AI）で何とかしろと言われてしまったら？

　たしかに、目的が明確であり、合理的なデータ取得や分析アプローチの選択ができれば理想です。しかし、現実ではそのようなプロジェクトばかりではないことも事実です。少なくとも本書執筆時点において、データ分析を実施する現場では、「ビッグデータを AI で何とかして、ビジネス価値を生み出せ！」といった声が多く聞かれます。こうしたプロジェクトは、実際に分析を実施する担当者には評判が悪くなりがちですが、一方でビジネスとしては、「予算が獲得しやすい」、「あえて AI を推し出して注目を集められる」、「そのプロジェクトを推進するなかで分析業務への理解を深め、組織のリテラシーを上げられる」などのメリットもあります。プロジェクト単体では非合理的

でも、組織の戦略としては正しい選択である可能性もあります。

そのようなプロジェクトでは、当事者であるプロジェクトマネージャーや分析官はどのように振る舞うべきでしょうか。最低限押さえなければいけない2点をあげたいと思います。

一つ目は「ドメイン知識のある領域から始める」ということです。データ分析とは、データから何かを学び、それをもとに施策を実施して価値を生み出すプロセスです。データの解釈が可能であり、施策立案がしやすい得意分野から始めるのがよいでしょう。逆に、データはたくさんあるが自分たちの知見が活かせないような領域では、どんな高度な分析技術も使いこなせません。そうした分野には手を出さないほうがよいでしょう。

二つ目は「継続して学び続ける意思をもつ」ということです。現状でAIと呼ばれるような分析技術は発展途上であり、実際のビジネス適用は始まったばかりです。しかし、今後間違いなく普及していく技術であることも事実でしょう。今後よりよく使いこなすために、プロジェクトが終わった後も、学び続ける必要があります。短期的なプロジェクトの成否だけでなく、知見を蓄積する意識をメンバーがもつことが重要です。

上記を踏まえると、まずは自社業務への適用で小さな成功を収めることをゴールとするのが、プロジェクトを今後につなげる近道です。逆に派手な新規事業の創造をいきなり目指すと、ステークホルダーの期待も高くなり、仮にPoCがうまくいかなかったりした場合に、落胆を呼び「AI ＝ 使えない」という認識だけが残ってしまうかもしれません。

4.3 ▶ データの収集と概要の把握

プロジェクトの目的や具体的なアクションまで定義できたら、次は**データの確認と理解**を行います。

昨今ではビッグデータという言葉に象徴されるように、データ取得や蓄積のための環境が整備され、以前に比べてより多様かつ大規模なデータに触れる機会が増えてきています。しかしながら、いざ分析に活用しようとすると、分析官が期待していたほどデータの質や量が十分ではなく、分析や機械学習

ができない場合が少なくありません。現状では分析のために蓄積されている
データは多くなく、ビッグデータと言われているもののほとんどは、企業や
組織が何かの活動を実施した後のトランザクションや管理用途のものが副産
物として残っているだけだったりするからです。

　本節では、データ分析のためのデータの性質や信頼性、その限界について
理解を深め、分析の目的や手法と整合性をとるために必要なアクションにつ
いてポイントを確認していきます。一方で、分析アプローチを検討する際の
データの確認や理解を仕方については、PoCにおける「データ理解」につ
いて述べた5.3節を参照してください。

　データ活用プロジェクトはデータがないことには何も価値を生み出せませ
ん。価値の源泉たるデータを自由に利用できるケースは多くなく、データを
社内から集めたり、社外から購入したりする必要も出てきます。以下、場合
ごとに見ていきましょう。

既存のデータを活用する場合

　既存のデータを活用する場合には、誰がデータ管理者かということと、収
集されているデータの粒度について留意が必要です。

データ管理者の特定

　データソースを管理する立場の人間は誰かの確認が先決です。プロジェク
トメンバー内にデータの管理者がいる場合には、どのようなデータが存在し
ているかすぐに判断できるので大きな問題になりません。一方で、管理者が
メンバー外のステークホルダーであるときには、プロジェクトの意義を理解
してもらうところから始める必要があるかもしれません。最も注意をしなけ
ればいけないのが、データソースが複数に及ぶような分析を実施する場合で
す。大きな組織の場合、管理者がさまざまな部署にいます。そのため、デー
タの機密性や運用の観点から、データのエクスポートだけでも関係各所の了
解を取りつけるなど煩雑な手続きが必要になる可能性があります。またそれ
ぞれのデータを紐づけて統合的な分析用のデータマート◆1を作成する必要

◆1　さまざまな分析を想定して整備されたデータベースのこと。

があるような場合でも、各々のデータソースを紐付けるキーがなかったりするなど、活用が難しい場合が出てきます。

　さらに、必要なデータが自社にすべてあるとは限りません。外部のパートナー企業と協力している場合にはさらに考慮しなければいけない点が増えます。たとえば、分析対象となるデータをすべて入手できずにサマリーデータのみが提供されたり、パートナー企業を途中で変更したためにデータフォーマットが変わっていたりする場合があります。このような場合には追加で時間やコストがかかることを想定しなければなりません。

収集されているデータの粒度

　データが揃っているように見えても、実はそれが分析の目的に合ったデータでない場合も少なくありません。典型的なのが、データ粒度の問題です。ある商品の需要を日ごとに予測し、在庫調整や最適化を行いたいとします。その場合、もし蓄積されているデータが週ごとの合計値にまとめられてしまっていたら、日単位での予測は行えません。そうしたことにならないよう、データの粒度には注意が必要です。

❘ これからデータを取得する場合

　データが手元にない場合、データの収集から実施することになります。データによって収集にかかるコストが異なるため、収集の容易なデータを分析のアプローチを検討する前に集めておき、収集コストの高いデータについてはアプローチ概要の検討結果が出てから集めるなど、このプロセスは前後する可能性があります。いずれにせよ、収集する場合には下記のような点を考慮しなければなりません。

データ取得の難度

　データを取得にはさまざまな方法が考えられます。ウェブ関係では、ウェブサービスのログ（サイト閲覧者の行動・履歴のデータ）をとったり、各種サイトからクローリングでデータを収集したりすることが考えられます。ビジネス関係では、企業の顧客管理データを集める、アンケートをとるなどの

方法があります。IoT 技術が普及した昨今は、センサーデータなども分析の
対象とされるようになってきました。

　新たにデータを取得する際、データ取得者とデータ分析担当者が異なるこ
とが少なくありません。その場合、データ取得の難度について注意が必要で
す。事前の検証をせずにプロジェクトを開始すると、意味のある分析ができ
ないデータが集まってしまう可能性があります。可用性がない、つまり分析
に適していないデータの例としては、

- 撮影条件が毎回異なり、単一のアルゴリズムでは対応しきれない画像データ
- ノイズが多すぎて除去しきれない音声データ
- バイアスのかかりすぎている集団の行動ログ

などがあげられます。

法律面での検討

　外部のデータを分析のために活用する場合には、著作権や利用規約につい
て理解しておく必要があります。日本では、公開情報については著作権法
47 条-7[4-1] により、情報解析を行うために著作物を複製することが認めら
れています。これにより、第三者が公開しているものを分析に活用すること
は、営利／非営利を問わずできることになります。場合によっては利用者登
録が求められることもあり、その場合には当然ですが利用規約などを遵守す
る必要があります。

　さらに、外部データを活用する手段として、クローリングとスクレイピン
グ技術を活用したデータ収集があります。こういった行為の是非や違法性は
議論されている段階ですが、悪質であるとされ逮捕者が出た事案もありま
す[4-2]。ウェブページが提示する条項を守る、アクセス先のサーバーへの負
荷がかかりすぎないよう配慮する、アクセス先サーバーにクローラーへのア
クセス制限を課すファイル◆1 がある場合は遵守するなど、マナーを守った
データ収集を心がけましょう[4-3]。

◆1　robots.txt と名づけることになっています。

失敗事例 No.3 ▶ 教師データが作成できない！

　　構造物の映像のなかに異常（破損など）がないかを判別し、写っていればアラートを上げるシステムをつくれないかという依頼を受けたことがあります。このシステムについて要件を整理するためにヒアリングをすると、異常にはいくつかの種類があり、それぞれの場合に応じてアラートの上げ方を変える必要があることがわかりました。

　　このような場合、教師あり学習で写っているものが何かを識別するアプローチが有効に思えます。そこで、教師データとして活用するための画像データを見せていただくよう依頼しました。しかしこの異常が発生する頻度が非常に低く、しかもいつ発生するかわからないため、異常が写った画像を取得することが非常に困難なことがわかりました。結果的に「どのパターンの異常かを認識する」という機能を諦め、異常が発生しているかどうかを正常な状態と比較することで判定するという、教師データが必要ないアプローチを採用することとなりました。データの取得可能性によって、目的そのものを変更しなければいけなくなった事例でした。

さらに、既存データを使う場合とデータを取得する場合の両方において、

- データ取得のコスト
- データの量や取得期間
- 取得期間内でデータ取得の方法やフォーマットが変更されていないか
- データの変遷
- 取得時のエラーの可能性
- 取得された時点から活用できるようになるまでのタイムラグ

を確認をしなければいません。

　とくに見落とされがちなのが、データの長期的なトレンドによる変遷です。ある期間、分析や機械学習を実施していると、気づかぬ間にデータの質が変遷している可能性があります。データの傾向が変遷しているにもかかわらず同じ手法やモデルを活用していると、当然分析結果も変わってきます。下記の例のような単純な場合には気づくことができるかもしれませんが、多種多

様なデータを組み合わせていたり、複数の分析を重ねて結果を求めていたりする場合、なかなか気づけない可能性があります。また、データ分析を施策へ反映するまでにはタイムラグが生じます。その時間差よりも短い期間にデータが変遷してしまう場合、施策実施時には分析結果はすでに陳腐化してしまっているでしょう。

　データを分析し、その結果をビジネスに活かすプロセスに人間が介在していたとしても、多種多様で複雑なデータの変遷に気づくのは困難です。さらにビジネス適用にシステムを活用している場合、データの変遷を上手に検出するのは難しいことが多いです。データ分析はデータに依存しているということを常に心がける必要があります。

失敗事例 No.4 ▶ データ分析プロジェクトの外部への依存性

　　データ分析プロジェクトはデータから知見を得てビジネスへ活かしていきますが、知らない間にデータへの依存が高くなりすぎ、継続的なビジネスを困難にしてしまうパターンがあります。

　　たとえば小売業のレコメンドシステムでは、誰に何をおすすめするかを過去のデータから導き出します。多くの場合、これはすべてシステムが自動で行います。これを運用すると、やがて人気商品が優先的にレコメンドされるようになります。それを見た多くのユーザーがその商品を購入したりお気に入りに追加したりするようになり、すると、システムはその商品が人気だとますます認知します。このように、システムを長期間運用していると、レコメンドとユーザー行動がお互いを強化する循環が生じます。これが行きすぎると、他の製品が売れなくなり、ビジネスの継続性が危ぶまれることになりかねません。データ分析の特性をよく理解しているメンバーが関わっているレコメンドシステムには、このような事態を避ける工夫がなされています。しかし、そうではないケースにおいて、実際にこのような陥穽にはまってしまった事例はあるようです。

　　また、ウェブサイトやソーシャル・ネットワーキング・サービス（SNS）上にあるデータを活用したビジネスも、データへの依存度が大きく、そのリスクを認識すべきでしょう。ある企業は SNS 上のデータやその他のオープンデータをクローリングして、機械学習モデルに活用してビジネスを展

開していました。しかしあるウェブサイトで公開されているデータの
フォーマットが変更された結果、データ収集がうまくいかずにシステム障
害を起こしてしまいました。

　以上、本節ではデータ収集、データの確認、データの理解のフェーズにつ
いて見てきました。このフェーズは、プロジェクト全体のなかでもとくに泥
臭い部分です。また、後のフェーズに進んだ後に手戻りが頻繁に発生するこ
とも覚悟しなければなりません。

　場合によっては、分析目標やアプローチの概要決定する前に、もしくはそ
れと並行して、データ収集や確認を行うこともあります。その際は着手可能
なタイミングでデータ収集・確認を始めて構いません。データ収集を早めに
始めることは、分析目標やアプローチ概要の決定後に手戻りが発生するリス
ク（データが想定と異なり、アプローチを検討し直さなければならなくなる
リスク）を下げるというメリットがあります。一方で、アプローチを検討し
た結果、現在手元にあるデータが不要になったり、異なる方法でデータを再
度取得する必要が生じたりするリスクも出てきます。

　このように、分析目標とデータ確認は、交互に何度か行われる可能性があ
ります。データ取得に金銭的コストがかかる場合や、データ取得のための（社
内手続きを含めた）諸々の作業負荷が軽視できない場合には、アプローチの
概要を決定後にデータを取得したり、簡単に取得できるデータのみアプロー
チ概要検討前に取得したりすることが必要となります。このように、データ
収集のタイミングはメリット・デメリットを考慮しながら、データごとに検
討することになります。

　分析の成功にはデータの周到な準備が欠かせないことや、データの取り扱
いには高度な判断とエンジニアリング力が必要になるということは広く認知
されるようになってきました。データの準備を専門に行う、「データエンジ
ニア」をチームに加えることも増えてきています。データエンジニアという
新しい専門職が登場するほど、データの準備は重要なプロセスなのです。

4.4 ▸ プロジェクトスコープを設定する

　データ分析は、やれば必ず結果が出るというものではありません。当初期待していた成果に届かないこともあります。すでに周知の事実を再発見するだけに終わる場合もあります。このように明確な成果が出るかが不明瞭なプロジェクトの性格を踏まえ、何を、いつまでに、どの程度やるのかや、成果物の仕様、評価指標や達成指標をプロジェクト開始前に検討しておくことが重要です。こうしたことを総称して、プロジェクトスコープと言います。場合によってはプロジェクトの途中で撤退することがよい判断となることもあります。

　ステークホルダーの理解を得るために有用なのが、**ワーク・ブレークダウン・ストラクチャー**（WBS）です。これは、プロジェクトマネジメントで標準的に利用される、プロジェクト工程の可視化手法です（→**図4.2**）。

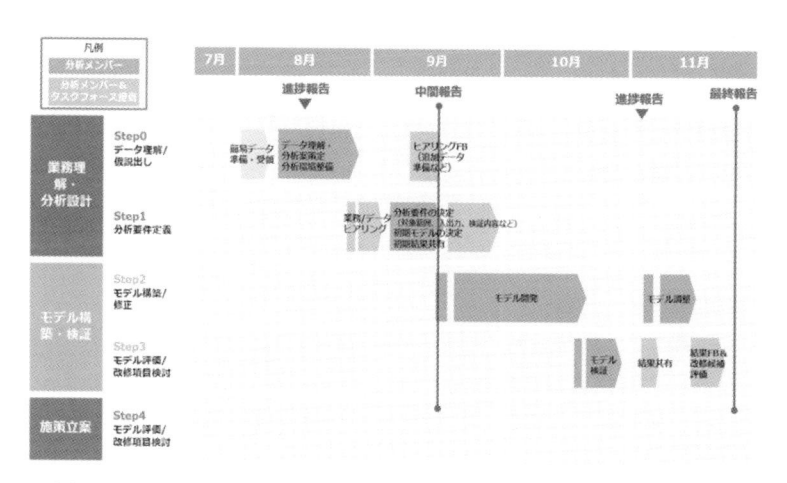

図 4.2　ワーク・ブレークダウン・ストラクチャー

　プロジェクトスコープは、PoC フェーズにおいて変更になることがあります。PoC でアプローチ概要の決定からデータ理解、実際の分析や結果を振り返ったときに、取り組んでいるプロジェクトの方向性や限界が確認できた場合などです。この PoC のマネジメントがデータ分析プロジェクトに特

有の要素であり、その成否を分ける急所と言えるかもしれません。詳細は次章にてご紹介します。

4.5 ▸ 分析業務を行うチームづくり

データ分析そのものにはビジネス上の価値はありません。分析プロジェクトを完遂し価値を出すためには、分析技術を適用するだけではなく、目的の設定や適切なデータの取得が必要になることはこれまで述べてきたとおりです。そして分析を通じて得た示唆を施策に活かしたり、機械学習モデルを活用したシステムを構築したり、何かしら価値を生み出したりするための出口が必要になります。これらを実現するために必要なチームとはどのようなものか確認しましょう。

取り組む課題の内容や規模、活用できる人的リソースなどさまざまな要因で変わってくる可能性がありますが、基本的には下記の機能・能力をもつ人員の組み合わせにて構成されます。

1. **プロジェクトオーナー**：データ分析業務のリスクを理解したうえでビジネスを推進できる責任者
2. **プロジェクトマネージャー（PM）**：ビジネス課題を適切に分析課題に翻訳し、チームの方向性と進捗の管理をマネージする人
3. **ビジネスサイド担当者**：分析対象ドメインの知識をもった人
4. **分析官（データサイエンティスト）**：統計や機械学習など分析業務に明るい人
5. **機械学習エンジニア**：システムとして本番環境に耐えられる実装を行える人
6. **データエンジニア**：データ分析基盤をつくれる・活用できる人

まずは**プロジェクトオーナー**です。データ分析業務にどの程度経営資源を割り当てるかの決裁権をもつレベルの人物です。これまで述べてきた、「データ分析業務はやれば必ず成果が上がるものではない」という事実を理解したうえで、データ分析業務でどのように価値を出すかを検討できる人物が望ま

しいと言えます。反対に、データ分析業務の基本原則を理解していないプロジェクトオーナーは、進捗が見えづらい「データ理解」や「PoC」のフェーズにおいて、結果に対して懐疑的になりがちです。そのようなプロジェクトオーナーは、プロジェクトに不必要な統制を行い、現場を混乱させてしまう可能性があります。

　プロジェクトマネージャー（PM）はプロジェクトチームをリードする存在です。分析業務においては、ビジネス課題を適切に分析課題に翻訳する役割を担い、アプローチの決定に責任をもちます。また、プロジェクトが開始された後は、その進捗を管理します。このプロジェクトマネージャーはデータ分析能力を備えた人物があたることが望ましいです。なぜならば、データ理解や分析の試行錯誤において、プロジェクト開始時には想定していなかった状況が発生した場合に、現状と目標を照らし合わせてその場で判断し、プロジェクトを推進する必要があるからです。この役割はほかに担当をもつメンバーが兼任している場合もあります。チームの規模やそれぞれのメンバーのスキルセットで判断するのがよいでしょう。また、分析により構築された数理モデルをシステムやアプリケーションへ実装し、業務活用するようなプロジェクトの場合はシステム開発マネジメントの能力も求められます。

　次に、実務者としてプロジェクトに指針を与えてくれる人物（**ビジネスサイド担当者**）も必要です。プロジェクトによっては、課題の策定や、取得されたデータの理解など、分析官ではもちえない、彼らのドメイン知識が必須となってきます。たとえば、装置のエラーが原因で発生していたデータ内の異常値などは、値そのものにはエラーであると記載されているわけではないので、分析官がデータを眺めるだけでは見落としてしまう可能性があります。実務者との対話のなかでデータを理解することで、分析官はより価値を発揮するようになります。

　分析官（データサイエンティスト）は、解くべき課題の設定や、分析アプローチの選定、結果の解釈やその後の施策の立案に関与します。統計学や機械学習の知識も活用しますが、分析官にとってそれらはあくまで手段であり、それらをどのように使って価値を出すのかを考えることが主な役割となります。そのために、分析以前のフェーズにてビジネスサイド担当者と対話し、

これから取り組もうとしている仮説は何か、課題を達成するとどのような価値が得られるのか、それはプロジェクト全体の目的に沿っているかなどを判断します。さらに分析が進むに従って、その結果の解釈から価値を出すための施策の立案にまで携わります。そこに至って初めてプロジェクトから価値を創出できます。

機械学習エンジニアは、機械学習モデルなどを活用してデータ利活用プロジェクトにおける成果をシステムやアプリケーションとして実装する役割を担います。分析官と同様に、解くべき課題の設定やアプローチの選定に関与するほか、本番の環境・制約を踏まえた適切な実装のためのコーディング力・エンジニアリング力が求められます。分析官と重複する部分も多いですが、施策立案系のプロジェクトとシステム化を目指したプロジェクトでは分析以後の出口が違うので、求められるスキルセットが異なります。

データエンジニアは、データを活用できるようにするための分析基盤をつくるエンジニアです。分析基盤とは、データを適切な場所に適切な形式で格納しておくためのシステムです。昨今のデータ分析の普及により、これまで蓄積されていた活動の副産物としてのデータではなく、データ分析を目的としたデータ蓄積が進められています。このような蓄積がうまくいくと、データ分析結果や機械学習を活用したシステムをもとに意思決定を実施していくプロセスを日常的に行っていくことができるため、よりデータから価値を生み出しやすくなります。データ活用頻度が上がってくると、最新のデータがすぐに入手でき、いつでも分析できることが望ましくなってきます。このようなシステムを実現するために、パイプライン、つまり蓄積されるデータがどのように処理されるのかを理解し、適切な基盤を構築するための専任のメンバーが必要になってきます。

▎ メンバー構成の例

実際には、ここであげたすべての人員を揃えないケースもあります。チーム組成の例をいくつか示します。

【例1：製造業での需要予測プロジェクト】

　このプロジェクトでは、ある製品の需要を予測し生産工程の最適化を図ることが目的となっていました。分析業務により需要予測モデルを構築し、その後、他部署である情報システム部門、および情報システム子会社やITシステムベンダーと協力して、すでに活用している生産管理システムと連携させるシステムを構築するというものでした。

- **プロジェクトマネージャー　1名**
  - → プロジェクトマネジメント経験豊富であり、分析業務と生産現場での実務に詳しい。ITシステム開発については業務に携わりながら勉強中。

- **分析官・機械学習エンジニア（兼務）　1名**
  - → 解決すべき課題に対して適切な分析アプローチを選択し、システムのなかで継続的に活用するための実装ができる。

- **情報システム担当者　数名**
  - → 分析経験はないが、製造現場で活用されるシステム開発を経験したことがある。

【例2：製薬業界のCRM分析プロジェクト】

　製薬企業によるこのプロジェクトでは、顧客である病院・クリニックやそこで勤務する医師に対して、どのように医薬品を宣伝するのが最適かを知ることを目的としていました。そこで、顧客ごとに異なる志向性を調べるため、データ分析を行いました。

- **プロジェクトマネージャー　1名**

- **分析官　1名**
  - → 外部の分析協力ベンダーのメンバー。CRM関連の分析経験が豊富な一方で製薬業界での分析は初めて。

- **データエンジニア　1名**
  - → 製薬メーカーのなかでデータ管理を担当しているエンジニア。分析業務に必要なデータ理解を分析メンバーに促したり、分析に必要なデータを抽出・加工し

たりする役割を担当した。

● **クライアント側の実務者（ビジネスサイド担当者）　1名**
→ 製薬メーカーでの実務担当者。MRやマーケティング関連の業務を歴任されて
きており、何を分析すれば業務に役立つのかを理解している。

　最後に、プロジェクト開始時のメンバー構成での注意点としてあげたいの
が、人員の採用と維持です。データ分析が普及するに従って、分析官や機械
学習エンジニア、データエンジニアといった職種を担える人材が不足してい
ると言われています[4-4]。実際にクライアント企業などからご依頼をいただ
く際にも、分析したいテーマはあるものの、プロジェクトを開始するための
人数を揃えるだけでも難しい場合も少なくありません。

失敗事例 No.5 ▸ プロジェクトマネージャーの視野が狭すぎる

　　分析プロジェクトが開始されると、誰かがリーダーを任されることが多
いです。その場合、データ分析へ馴染みがない組織においては、「分析に
詳しい人」がリーダーを任されることになるでしょう。このリーダーが分
析にのみ集中してしまうような場合には注意が必要です。

　　ある精密機器メーカーにおける機器の故障要因を解析するプロジェクト
では、データの取り扱いやアルゴリズムに明るく、機械学習モデリングに
おいて非常によい精度を出すことができるスキルをもった人材がリーダー
に抜擢されました。PoCにおいて、プロジェクトメンバーも含めて、全
員がその精度を向上させることが一番の関心事になり、進捗の報告におい
ても議論の時間は「いかに精度を向上させるか」に割かれていました。

　　この分析チームの努力の甲斐もあり、PoCフェーズでは期待を上回る
精度のモデリングに成功し、ビジネス適用が視野に入ってきました。その
タイミングになって業務へ適用するために新たなエンジニアなどがメン
バーとして参加するようになると、問題が判明します。それは、PoCで
採用していた分析アプローチは、

　　● 業務にて取得しているデータを、機械学習モデルで活用する特徴量へ
　　　変換するのにかかる時間が膨大であること
　　● アルゴリズムが高度になりすぎてメンテナンス性に欠けるため、業務

> での運用が困難であること

などでした。その結果、このプロジェクトは再度 PoC を実施することとなり、大きくプロジェクト期間を延長することになってしまいました。

データ分析プロジェクトにおいて、リーダーを任せる人には分析業務への理解は必要ですが、それが得意だからと言って分析業務のみを切り出して任せきりにするのは危険です。むしろ、全体観をもってプロジェクトマネジメントができる人材を活用することが重要です。

4.6 ▸ ステークホルダーとのコミュニケーション

データ分析では、前述のチームメンバーだけでなく、それ以外の関係者にも協力していただかなければいけない場面が少なくありません。たとえば、データの収集のためにデータベース管理者に問い合わせなければいけないことがあります。また、分析で得た示唆をもとに施策を立案し実行する場合には、担当者に従来の業務の進め方を変更してもらう必要が出てきます。

本項では、プロジェクトの外部の関係者との接点を、

- 分析フェーズ以前のデータ取得時
- 分析フェーズ以降のシステム開発時
- 施策実行時
- 分析組織の定着時

に分けて整理しておきます。とくにシステム開発については第 6 章、分析組織の定着については第 7 章でより詳細に記します。

▎データ取得時のコミュニケーション

プロジェクトメンバーとデータ管理者やデータ取得の担当者が異なるケースは多いです。このような場合、プロジェクトメンバーからはデータの取得のためのコスト（費用、時間、労力）がどの程度かが直接は見えないので、気軽に「データをください」と言ってしまうことがあります。一方で依頼を

受けた側は、実際に分析がどのようなプロセスを経て、提供するデータがどのように加工されるかを把握していないので、ひとまず手持ちのデータをそのまま渡そうとします。両者のコミュニケーションが不足したままだと、分析に適さないデータが供給されることになり、取得の段階で手戻りが何回も発生してしまいます。この手戻りによる煩雑さでプロジェクトメンバーとデータ提供者の間に溝ができてしまうと、「そもそも分析に必要なデータが取得できない」という最悪の状況に陥ってしまいかねません。

　プロジェクト開始のタイミングで、プロジェクトメンバー側からデータはどういう目的で使うものか、どのようなフォーマットで受領したいのかなどを伝える意識をもちたいものです。また、プロジェクト開始前において、データ管理者から「データならたくさんあるからよい分析ができるよ」と言われることがあります。しかしこの言葉を鵜呑みにして、データ準備周りの確認を怠ってはいけません。データの多くは分析を目的として蓄積されたわけではなく、分析には使えない場合があります。また、分析未経験者が「たくさん」と言ったとしても、意味のある分析を行うにはなお「データ量が足りない」というケースが多いことにも注意が必要です。プロジェクトで生まれる価値の第一の源泉はデータそのものですので、データ管理者がプロジェクトメンバーにいない場合には、とりわけ丁寧なコミュニケーションが必要になってきます。

▎システム開発時のコミュニケーション

　分析プロジェクトの出口（ゴール）を、業務効率化などのためのシステム構築に定めた場合には、システム開発チームとの協働が必要になります。ここで重要なのは分析官（データサイエンティスト）とエンジニアの円滑な連携です。両者は、普段は分析と開発という性質の異なる業務を行っているため、仕事の進め方や使う言葉づかいにも齟齬が生じることがあります。場合によっては、双方を理解しコミュニケーションを橋渡しする役割を別途用意することが必要になるかもしれません。ビジネス適用に関する課題については第6章で詳しく見ていきます。

▌組織としてデータ分析をしていく際の注意点

本章では、ある一定期間取り組まれることを前提としたプロジェクトの開始フェーズについて見てきました。しかし、当初は有期性だったプロジェクトも、分析を進めて成果が出始めたり、さらに取り組むべき課題が見つかってきたりすると、恒常的な組織としての活動へ変更されることもあります。そのような場合においてもステークホルダーとのコミュニケーションは重要になってきます。この観点についての詳細は、第7章にてご紹介します。

4.7 ▶ 本章のまとめ

本章では分析プロジェクトのリスクや立ち上げ方について見てきました。改めてポイントをまとめます。

【プロジェクト目的を設定する（4.1節）】

- 「何のために分析するのか」、「結果をどう活用するのか」の観点をもつ。

【データ分析で解決可能な目標を設定する（4.2節）】

- データ分析で解決できる課題とそうでない課題がある。
- ビジネス目的、具体的な目標、手元にあるデータ、分析アプローチの妥当性を確認する。

【データ収集と概要の把握（4.3節）】

- 分析に活用できるデータの質と量を確認する。
- 追加でデータを取得する可能性もある。
- データの変遷などによって、分析結果は陳腐化する可能性がある。

【プロジェクトスコープを設定する（4.4節）】

- プロジェクト開始時に成果物や達成指標などのスコープを検討しておく。
- プロジェクトスコープの共有にはワーク・ブレークダウン・ストラクチャー（WBS）が有用。

【分析業務を行うチームづくり（4.5 節）】

- プロジェクトを、分析を実施しただけで終わらせず、その後の施策などに活かすためには、分析官以外のメンバーの役割も大きい。
- プロジェクトの出口を踏まえ、適切なチームを構成する。

【ステークホルダーとのコミュニケーション（4.6 節）】

- プロジェクトメンバー以外の関係者との協力も必要。関係者との適切なコミュニケーションが欠かせない。

　プロジェクトの立ち上げが終わったら、いよいよ分析に着手します。まずは次章にて PoC の進め方を見ていきます。

Chapter **5**

PoC

　本章では、本格的にビジネス適用に向けた取り組みを始める前の、概念実証（PoC）フェーズを取り上げます。PoC フェーズの一般的な進め方に沿って、各プロセスで実施する内容や、意識すべき点について記述します。

　PoC フェーズでは、多少順番が前後することはありますが、概ね以下のようなプロセスを踏むことになります。

1. **分析要件の確認**
2. **アプローチ概要の決定**
3. **データ理解**
4. **分析設計**
5. **分析実施**
6. **結果考察・改善方針検討**

　本章ではモデリングを用いる分析プロジェクトを主に想定して記載していますが、モデリングを用いない分析プロジェクト（統計的検定やデータ可視化を主に活用する分析プロジェクト）でも基本的に同様のプロセスとなります。

　データ分析の流れの図（→図5.1）にも示したように、各プロセスでの結果次第では、プロセスを遡って方針を修正・改善していくこととなります。通常、システム開発では手戻りは避けるべきものとされますが、データ分析プロジェクトではプロセスは何度も繰り返されることを理解しておきましょう。

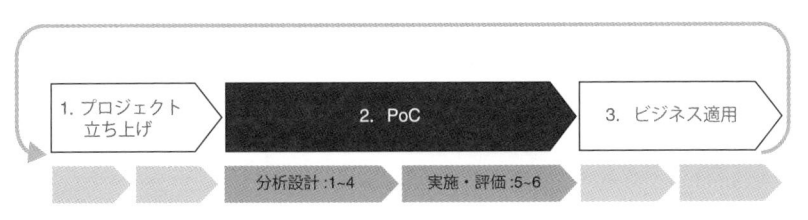

図 5.1　データ分析の流れ

5.1 ▸ 分析要件の確認

　まずは、PoC フェーズの最初のステップとして、PoC フェーズで達成したい内容や、制約となる条件について確認し、関係者内で認識を揃えます。

　プロジェクトの立ち上げフェーズにおいて、ビジネス目的やプロジェクト目標を明確化することの重要性については第4章ですでに述べたとおりで

す。PoC フェーズにおいても同様に、本フェーズの目的や目標を設定することが重要です。

プロジェクトにおける PoC フェーズの目的は、プロジェクト立ち上げ時に設計したコンセプトの技術的な実現可能性や効果について、プロジェクトを大々的に進める前に検証することです。

他企業がすでにサービスとして実現していたり、雑誌などに事例として紹介されていたり、論文が出されていたりする場合には、技術的に実現可能であることが示されているので PoC フェーズは不要と思うかもしれません。しかし、データ分析の特徴として、結果は手法だけでなくデータに大きく依存します。それゆえに、技術的には可能なように思える場合であっても、当該プロジェクトで使用するデータで実現可能かどうかという検証が、分析プロジェクトの場合は必須になるのです。

PoC フェーズで何を確認すればよいのかは、ビジネス目的やプロジェクト目標に応じて変わってきます。PoC フェーズでの目標や目的を明確にするためにも、分析で達成したい内容は整理されている必要があります。少なくとも、以下の項目については認識を揃えておくべきです。

1. 分析結果はどのようにビジネスに活用されるのか
2. 何が対象か
3. どんな出力値が必要か
4. モデルにはどの程度解釈性が必要か
5. 分析結果をどのように評価するか
6. 利用する（できる）データに制約はあるか
7. 処理時間に制約はあるか
8. 環境面の制約はあるか

これらを順番に見ていく前に、一つの例を示します。

 C さんの事例

小売企業に勤めている C さんが、現場から以下のような相談を受けました。

- 需要予測に基づいて、需要に合った分だけ商品を仕入れることで、品切れによる機会損失や、過剰発注による倉庫圧迫を減らしたい。
- 需要予測に基づいて各商品の発注数を提案する既存のシステムがあるが、それでは対応できない部分について、現状では人が対応している。この部分をAIで自動化したい。

　この課題に対応するため、第4章の手順に沿ってデータ利活用プロジェクトを立ち上げたとします。このケースでの、1～8の項目の例を、表5.1に示します。

表 **5.1**　PoC のアプローチ決定の例

項目	Cさんのケースでの例
1. 分析結果はどのようにビジネスに活用されるのか	●各商品の予測された需要に基づき、適切な個数発注することで、品切れによる機会損失や不良在庫化による損失を小さくし、利益向上を目指す。 ●20xx年度：AIシステムの結果を参考に、人が業務システムの運用を開始。 ●20xy年度：AIシステムを業務システムと接続し、自動運用を開始。
2. 何が対象か	●通常の商品は現状のシステムで問題ないので、新商品を対象としたい。 ●段階的に範囲を拡大したい。 ●お菓子カテゴリーを最初のターゲットとする。
3. どんな出力値が必要か	●商品単位で、できれば3か月先までの週次の予測数値が欲しい。週次が難しければ、月次でも価値はある。信頼区間や予測分布は必須でなく、予測数値が出ればよい。 ●なお、新商品の多くでは、発売直後はよく売れるが、しばらく経つと勢いが落ち着いてくる傾向がある。そのため、予測は発売後の期間による影響を考慮してほしい。
4. どの程度解釈性が必要か	●各店舗にこの取り組みを導入するにあたって、各店舗に説明し理解を求める必要がある。そのために、最低限、モデルの変数の重要度はわかる必要がある。できれば、個々の予測についてなぜその予測となったか説明できることが望ましい。
5. 分析結果をどのように評価するか	●まずは過去期間での絶対誤差で評価する。 ●過去期間での結果を担当者数名に確認してもらい、定性的評価をフィードバックする。 ●一部店舗において、2週間程度AIシステムの結果を参考値として実際に提示してみて、業務担当者から評価フィードバックをもらう。

6. 利用できるデータに制約はあるか	● 商品についてのマスター情報は初回発注時から使える。 ● 各店舗での販売実績数は販売日深夜にシステムに記録され、午前3時には利用可能になっている。
7. 処理時間に制約はあるか（学習時）	● モデルの再学習の頻度について、業務上はとくに制限はない。モデルの精度を担保するうえで必要な頻度で再学習されていればよい。
7. 処理時間に制約はあるか（適用時）	● モデルの適用は毎週1回。 ● モデルの適用にはなるべく直近のデータも用いたいため、データ加工を含めて1時間以内に終わることが望ましい。
8. 環境面の制約	● クラウドで構築する。 ● コードは Python で作成。データベースは PostgreSQL を利用。 ● ライブラリやソフトウェアに有償のものを用いる場合は、要相談。 ● OS やライブラリには制約はないが、AWS、Azure、GCP のいずれかで構築できる環境であることが条件。

5

P o C

以上の例で示したように、PoC を始めるにあたってはプロジェクトの性質ごとに **1.** ～ **8.** を洗い出すことになります。それぞれの項目について、詳しく見ていきましょう。

▌ 1. 分析結果はどのようにビジネスに活用されるのか

まずは、分析結果がどのようにビジネスに活用されるのか、つまりユースケースは何かを再確認します。この検討を怠ると、成果はまず出ないと思ったほうがよいでしょう。一方、ユースケースの決定自体を、PoC の結果を踏まえて行う場合もあります。しかしその場合でも、どのような結果が出たらどのように活用するのか、事前にユースケースを複数想定し、ある程度は認識を揃えておく必要があります。下記のように、分析結果の活用の目標にはいくつかのレベルがありえます。どのレベルでの活用が目標であるかに応じて、求められる要件や、難易度が大きく変わってきます。

● **結果を人が見て意思決定の参考情報とする**
（例）商品ごとの需要予測結果を画面で確認し、人が発注数を決める

● **意思決定は人が行うが、意思決定者に具体的行動を提案する**
（例）商品ごとの需要予測結果と在庫数をもとに発注数の推奨値を算出して画面

に表示し、人がそれを見て発注システムに入力する。推奨された発注数が適切でないと判断すれば、値は修正できる。すなわち、最終的な意思決定は人が行うこととなる。

● 意思決定を含めた自動化を行う

（例）発注システムと連携し、商品ごとの需要予測結果と在庫数をもとに発注数を自動で算出する。人が発注作業にかけている時間をなくすことができるため、コスト削減効果や、労力削減の効果は高い。その反面、完全自動化のためには安定して高い予測精度が出せる必要がある。

2. 何が対象か

　たとえば、小売企業における需要予測の例を考えてみます。店舗で販売している商品は複数あります。この場合、今回分析したい対象がすべての商品なのか、新商品は除くのか、主力商品だけでよいのかなど、対象範囲について検討しておく必要があります。なぜなら、対象によってアプローチが変わってくる場合があるからです。たとえばロングセラー商品の需要予測では豊富な過去のデータが使えるのに対し、新商品の場合は、過去実績を使わない別の予測手段が必要になります。

　また、予測対象の粒度（つまり、どこまで細かな情報まで予測するか）についても検討しておく必要があります。在庫管理のための需要予測では、細かな（いわゆる SKU 単位の）予測が要求されます。それに対し、商品開発のための需要予測では、もっと粗い粒度での予測で十分です。たとえば、菓子の新商品開発では、「チョコレート」などの種別、あるいは「200 〜 300 円台の商品」といった価格帯別での需要予測でも役に立つ知見が得られるでしょう。目的にとって必要な粒度で分析を進めないと、有用な知見は得られません。

　また、データの粒度によってアプローチも変わってきます。たとえば消費期限の短い食材の在庫管理のためには日単位での予測が必要となり、曜日ごとの周期性を考慮した予測も必要かもしれません。一方、週に 1 度しか仕入れないような商品であれば、週単位での予測で十分であり、曜日ごとの周期

性を考慮する必要はないでしょう。

3. どんな出力値が必要か

これはユースケースによって決まります。どのような出力が必要かによって扱う手法は異なり、難易度も変わってきます（→**表**5.2）。

表 **5.2** ユースケース（分析課題）ごとの出力に関する考慮点

分析課題	考慮するポイント
（1）分類	●シングルラベルか、マルチラベルか ●分類できればよいか、確率も必要か、信頼区間も必要か
（2）予測	●どの程度の未来まで予測する必要があるか ●予測値がわかればよいか、信頼区間も必要か
（3）最適化	●最適化対象となる値はカテゴリー値か、連続値か ●最適化対象となる値は何個程度か ●制約条件にはどのようなものがあるか ●最大化（最小化）対象となる値は一つか、複数か
（4）検定	●検定結果以外に必要な情報はあるか
（5）データ可視化	●可視化イメージはどのようなものか ●値として何を表示したいか ●どんな軸でデータを見たいか

5

P
O
C

（1）分類の場合

たとえば、通販サイトやオークションサイトでは、商品に対していくつかの種類の写真（身につけた状態の画像、前から撮った画像、後ろから撮った画像、一部だけを撮った画像など）を載せていることがよくあります。商品の写真をアップロードすると、その写真の種類を分類してくれるシステムを考えることにしましょう。分類結果が間違えていた場合は、AI が示す分類結果画面から修正でき、そのままサイトに登録できるようなシステムとします。

このシステムの場合、基本的には「ある写真が一つの種類に分類できればよい」ことになります。このような課題を**シングルラベル**の分類と呼びます。サイトによっては、ある写真がどちらの種類としても使える、ということも

あるかもしれません（前から撮った画像でも、身につけた状態の画像でも
OK など）。そのような場合には、「ある写真に対して複数のタグをつける」、
マルチラベルの課題ということになります。

　この例で、シングルラベルの場合は、分類さえできればまずは目的が達成
されます。しかし、追加の要望として、分類精度が高い画像については AI
で分類するが、分類精度が低い画像については未分類状態としてほしいとい
う声があがったとします。その場合には、画像ごとにどの程度はっきりと分
類されているかを知るために、**確率**や**信頼区間**も必要になってきます。「前
から撮った画像である確率が 85％、後ろから撮った画像である確率が 15％、
それ以外は 0％」といった形で確率が出力できれば、一定の閾値以上の確率
の場合のみ分類し、それ未満であれば未分類状態にするといった処理が可能
です。出力された確率値の信頼区間まであれば、さらにより精密な処理が可
能です。

　このように、分類課題では「分類できればよい」「確率も必要」「信頼区間
も必要」という要求度の段階があります。後のものほど幅広い要望に対応で
きますので、常に信頼区間も得るようにすればよいのではと思うかもしれま
せん。しかし、確率や信頼区間を得るためには、手法が限定されていて精度
が出しづらくなったり、処理時間がかかったりすることもあります。精度や
処理時間にどれくらい影響を与えるかは実際にやってみないとわからない部
分も多いため、最低限何が必要なのかを明確にしたうえで、スケジュールや
予算も考慮しつつ、いつまで試行錯誤するかを考える必要があります。

（2）予測の場合

　たとえば、小売店で販売している商品ごとの需要予測の例を考えると、**ど
の程度の未来まで予測する必要があるか**は、在庫の発注周期や発注から商品
到達までの期間に大きく依存します。毎日発注でき翌日には到着するなら、
2、3 日先まで予測できればよいでしょうし、毎日発注できるけれども商品
が到達するまでに発注日から 1 か月かかるような商品であれば、1 か月以上
先の予測が必要となるでしょう。

　需要予測をもとに人が結果を見て発注を行う場合、最低限「予測値がわか

ればよい」でしょう。人が結果を見て判断の材料とする場合には、「信頼区間があるとよりよい」ですが、必須とまではいかないかもしれません。需要予測をもとに発注を自動化する場合には、予測の信頼性に応じて自動か手動かを判断したり、安全を見て予測値よりもやや少なめに発注したりしたいという要望が出ることがあります。そのような場合には、信頼区間まで出力されていると、より細やかな制御が可能となります。どのような場合に信頼区間まで出したほうがよいのかという点については、分類の場合と同様、精度や処理時間とのトレードオフを考慮して判断することになります。

（3）最適化の場合

　従業員のシフトや配送経路の最適化は「組み合わせ最適化」と呼ばれ、最適化対象となる値は**カテゴリー値**となります。一方、広告媒体ごとの予算最適化などでは最適化対象となる値は**連続値**となります。最適化対象となる値が連続値かカテゴリー値かで解き方が大きく異なるため、早い段階での整理が必要です。

　また、**目的関数の数**も重要です。最適化の対象となる値が多くなると、制限時間内に最適解を求めることができなくなり、時間内になるべく最適に近い解を求めることができるような工夫が必要になります。

　もっとも、これらは分析に詳しい人にとってはすぐにわかることかもしれません。それよりも重要かつ困難なのが、**制約条件**の洗い出しです。制約条件とは、たとえばシフト最適化であれば、同じ人は連続で8時間までしか働いてはいけないとか、どの時間も特定の資格をもった人が最低一人はいなければならないとかといった条件のことです。制約条件のなかにも、

- **論理的に絶対に満たさなければいけない制約**
  （例）同じ人が同じ時間に2か所で働いていてはいけない

- **業務上、絶対に満たさなければいけない制約**
  （例）特定の資格をもった人が一人はいなければいけない

5

P
O
C

- ●**業務上、できるだけ満たすべき制約**
  （例）本人の希望勤務時間や、人間関係の問題で一緒にしないほうがよい組み合わせを考慮する必要がある

というように、さまざまなものがあります。制約の強さについても、合わせて整理する必要があります。

何を最大化（最小化）したいかを明らかにしておくことも重要です。期待売上最適化やコスト最小化のように、最大化（最小化）したい値が一つであれば問題ありませんが、従業員満足度を最大化しつつコストは最小化し、かつリスクも最小化したいなどと複数の目的関数がある場合には、いずれかを制約条件として扱うか、それぞれに重みをつけた評価を行うことなどが必要になります。

（4）検定の場合

検定とは、データから得られた結果が偶然によるものなのか、信頼できるものなのかを、統計的に判定するための方法です。たとえば、施策の効果を検証したい場合に、施策を行った場合と行っていない場合の売上を集計し比較するだけだと、その差が施策の効果なのか、単なるバラつきの範囲内でたまたま施策を行ったほうがよくなったのか、判断がつきません。このようなときに検定を用いることで、バラつきの範囲でたまたまそうなった可能性が高いか、施策の効果である可能性が高いかを評価できるようになります。

検定で得られる結果は、「ある有意水準のもとで統計的に有意と言えるか（言えないか）」だけです。より深い考察が必要であれば、別途集計や分析を行う必要がありますので、**検定結果以外に必要な情報**についても、事前に認識を合わせておきましょう。

（5）データ可視化の場合

データ可視化の場合は、ユースケースから何をどのように見たいかを考えればよいでしょう。たとえば需要予測結果の可視化であれば、需要予測結果と実績販売数を一つの折れ線グラフ上に表示し、予測結果については信頼区

間も併せて標示する、といった方法が考えられます。

▎ 4. モデルにはどの程度解釈性が必要か

　これもユースケースによって決まってきます。解釈性の要求度によって扱う手法は異なり、難易度も変わってきます。一般に、解釈性を犠牲にするほど高い精度を実現しやすい傾向にありますが、ビジネスにおいて実際に現場の人たちに使ってもらうためには、解釈性の高さが必要となる場合があります。そのため、この点は実際に使う人とすり合わせておくのが望ましいです。

- ●ケース1：なぜそのような予測となっているか、まったくわからなくてもよい
  - （例）完全自動化されたシステムに組み込む場合や、予測精度が高いほどビジネス価値に直結する場合など。ECサイトのレコメンデーションなどは、この両方を満たす例です。さらに、ECサイトではA/Bテストなどで効果を測定することで、AIを導入したり改良したりすることの有用性や妥当性を示しやすいため、解釈性が低くてもビジネス適用の障害となりにくい傾向にあります。

- ●ケース2：個々の予測結果について説明できなくても、モデル全体としての傾向（変数の重要度など）がわかればよい
  - （例）完全自動化ではなく人の意思決定が入る場合や、実際のビジネスにおける効果測定がしにくい場合。予測精度だけでなく、どの変数の予測値への影響が大きいかなど、人が判断しやすい形でモデル全体の傾向を説明できないと、運用の際の意思決定者がモデルの出力を信頼できなかったり、AIの導入・改良の有用性や妥当性を信頼できなかったりということが生じやすくなります。

- ●ケース3：個々の予測結果について、それぞれの予測結果となった理由を説明できる必要がある
  - （例）人が意思決定する場合で、その意思決定一つひとつについて説明が必要な場合。たとえば、従業員が退職する確率を予測して、確率が高い人に対して何か施策を打とうとする場合などは、一人ひとりに対してどのような施

策を打ったりコミュニケーションをとったりすべきかの材料として、なぜその人の退職確率が高くなったのかがわかることが望ましいでしょう。

5. 分析結果をどのように評価するか

データ分析においては、誤差や精度で定量的に結果を評価するのが一般的です。しかし、一口に誤差や精度と言っても、その測り方にはいろいろな種類があります。そのため、どのような測り方で評価すべきかは、ユースケースに合わせて検討する必要があります。また、定量評価だけでは、必ずしも人にとって納得しやすい評価にならないことも多いため、定性評価と組み合わせることもあります（→**表**5.3）。

表5.3　分析結果の評価に関する考慮点

評価の種類	考慮するポイント
定量評価	【オンライン評価：本番で実行した結果で評価する場合】 ● 何の値で評価するか ● どんな軸で評価するか ● 同時期での A/B テストは可能か 【オフライン評価：既存のテスト用データで評価する場合】 ● 何の値で評価するか ● どんな軸で評価するか
定性評価	● どんな軸で評価するか ● どんな出力があれば評価できるか ● 評価は誰が行うか、評価に使えるリソースはどの程度か

6. 利用する（できる）データに制約はあるか

どのようなデータが使えるかについて確認しておきましょう。一見使えそうなデータのなかにも、

- すぐに利用可能なデータ
- 取得・収集すれば利用可能なデータ
- 利用不可能なデータ

があります。使えないデータの例としては、単に存在しないというもの以外

にも、取得が困難なものや、セキュリティやコンプライアンス、契約上使えないものなどがあります。過去のアンケートデータがあるが、利用目的の範囲外なので分析には使えない場合などです。

　また、各データについて、利用可能な期間や、そのデータのうちどこまでが利用可能な範囲かを明確にする必要があります。

▎ 7.　処理時間に制約はあるか

　処理時間については、学習にかかる時間と適用にかかる時間とに分けて考える必要があります。用いるデータの入手できるタイミングと分析結果を使うタイミングから、処理にかけられる時間は決まってきます。

- モデルの学習（更新）はどの程度の時間で終わればよいか
- モデルの適用はどの程度の時間で終わればよいか

を考慮します。

▎ 8.　環境面の制約はあるか

　環境面の制約がある場合には、それも踏まえて実現可能性を検証する必要があります。PoC で作成したコードなどの後々の使い回しやすさにも影響してくるため、

- オンプレミス（自社内でサーバーを管理）か、クラウド利用か
- 使用するプログラミング言語、OS、マシンパワー、各種ソフトウェアやライブラリなどに制約はあるか

などについては、早い段階で認識を揃えておくべきです。

　以上の 1. ～ 8. の項目について認識を揃えることは重要です。ソフトウェアの仕様変更の難しさは、途中まで工事が進んだ家の間取りを変更することの難しさにたとえられたりもしますが、分析についても同様です。ここにあげたような内容について、最初に認識を揃えることなく進めてしまうと、後になって分析アプローチを根本から見直さなければならなくなります。最悪

の場合、作業がすべて無駄になってしまう可能性もあります。

　PoC としての目的や目標が達成できるなら、必ずしも大量のデータやすべてのケースについて検証する必要はありません。むしろ、**PoC はコンパクトに行うべき**ものです。そもそも PoC は、大々的にプロジェクトを進めるべきかどうかの判断のために行うものだからです。具体的には、商品やサイト、地域などを絞ることでコンパクトに検証することが多いです。

　同様の理由で、すべての分析要件を満たせるかどうかを一度に検証するのが大変な場合、とくに重要かつ実現性が不明瞭な一部の要件に絞って検証を行う場合もあります。この場合には、検証から外した要件についても、ちゃんと実現方法の目星がついていることが重要です。

精度目標についての注意点

　最後に、「5. 分析結果をどのように評価するか」について、少し補足しておきます。

　分析結果の評価として、すぐに思いつくのは「精度」の数値目標を立てることでしょう。しかし一般に、どの程度の精度があればビジネスに役立つのかを見極めることは非常に難しい問題です。とくに根拠なく「精度90％（あるいは95％）」「誤差10％以内」といった数値目標が立てられるケースが見られますが、何となく精度目標を立てるのは悪手であることが多いです。

　たとえ根拠がなくても、精度xx％という目標はわかりやすいため、数値目標の値だけが関係者のなかで独り歩きしてしまいます。いつの間にかそれが「必達目標」化してしまったり、その目標をクリアできていればそれでよいのだという雰囲気になってしまったりすることも多々起こります。そうすると、実は役に立つレベルに到達しているにもかかわらず、目標数値に達していないから投資に値しないという判断がなされてしまったり、実は役に立つレベルに到達していないのに、目標数値に達しているから投資に値する、という判断がなされてしまったりすることになります。

失敗事例 No.6 ▶ 根拠のない数値目標

精度目標をもつことはよいことではありますが、PoCで本当に達成すべきゴールは、プロジェクト立ち上げ時に設計したコンセプトの技術的な実現可能性や効果について検証することです。この基本的なゴールを忘れ、次のような失敗を犯すケースが見られます。

分析プロジェクトを本格的に進めるかどうかを判断するために、PoCを開始しようとしたAさん。目標を定めてそれに向かって進めたほうがよいだろうと思い、上司や現場の担当者にどの程度の精度があれば役に立つかヒアリングしましたが、明確な回答が得られず、90%くらい当たっていれば何とかなるのではないかという意見が多かったので、「平均的に90%正解すること」を目標としました。

分析チームや関係者と目標数値を共有し、PoCをスタートさせ、分析チームは90%以上の正解率を達成しました。そこで、本格的にプロジェクトを進めたのですが、本格的にプロジェクトを進めて半年後……。

「平均的に90%以上当たっていると言っても、よく売れている商品で当たっているだけで、ほとんどの商品では全然当たっていないじゃないか。これでは使い物にならないよ！」

現場からこのようなことを言われ、プロジェクトは頓挫してしまいました。Aさんは酒の席で思わず愚痴をこぼします。「平均的に90%当たっていればいいという目標を立てたときか、せめて本格的にプロジェクトを進める判断をしたときに言ってくれよ」と……。

一方、ビジネス的な有用性の判断を、分析作業者の仕事から切り離すということも考えられます。分析作業者には数値目標だけを伝えて、とにかくそれを満たすようなモデルを構築してもらう、という進め方です。実際にこのようなやり方は見られますが、これも危険です。分析結果の評価は、活用方法に合ったものでなければ意味がありません。全体として誤差が小さくても、特定の商品で誤差が大きいと困ることもありますし、精度の測り方にもいろいろあります。精度目標の立て方が不適切だと、精度目標は達成したにもかかわらず、実際には使い物にならないといったことになってしまいます。評価方法を検討する際には分析作業者にも関わってもらい、分析作業のなかで

気になる観点が出てきたら、その観点も評価項目に加えるべきです。

　精度目標をもつことはよいことではありますが、それが有効に機能するのは、精度目標が適切に設定されている場合に限られます。多くの場合、単一の定量評価値のチェックだけでは十分ではなく、定性的な評価を行ったり、プロトタイプをつくって実際にビジネス適用してみたりすることも重要です。単一の数値目標にこだわりすぎず、目的を明確にし、目的を達成できるかどうかという観点で結果を多方向からチェックすることが重要なのです。

5.2 ▶ アプローチ概要の決定

　分析要件について合意したら、工期やリソース（人、設備、お金）も考慮して、大まかなアプローチを決定します。

　アプローチ概略の検討は、基本的にはデータ分析者が責任をもって行うべき仕事ですが、ビジネスサイドの人が貢献しやすい場面でもあります。たとえば、どんなデータを用いるかについて、ビジネスサイドの人がドメイン知識を活かして意見を述べることで無駄なデータでの検証がなされることを防いだり、重要なデータが分析設計から漏れることを防いだり、といったことが考えられます。

　また、アプローチ概要を検討するなかで、必要に応じて分析要件側を修正する場合もあります。分析要件を修正する際にも、目的から外れないように、改めて注意が必要です。

　この段階では、以下のような内容について大まかな方針を検討します。

1. 教師あり問題として扱うのか、教師なし問題として扱うのか
2. どんなデータを用いるか
3. どんな手法を用いるか
4. 分析結果をどのように評価するか
5. どんな環境を用いるか
6. データ分析特有のリスクについての対応方針

　この段階では必要なデータが入手できていないケースも多く、アプローチ

は実際のデータに応じて変更される可能性があります。

1. 教師あり問題として扱うのか、教師なし問題として扱うのか

教師あり問題として扱うか、教師なし問題として扱うかにより、必要なデータや評価方法が変わってくるため、可能であれば早い段階で検討しておきたい内容です。一方、どちらが適切であるかはデータの質によっても変わってくるため、この時点では両方を候補とし、データ理解後に改めて決定するという方針をとることもあります。

教師なし問題として扱うなら、「なぜ教師あり問題として扱わないのか」を説明できるかが重要です。教師あり問題として扱える問題設定であれば教師あり問題として扱ったほうが効果的な場合が多いからです。たとえば、ある商品を購入しやすい人の特徴を知りたいなら、教師なしのクラスタリング手法で人をグルーピングするよりも、商品購入有無を当てる教師あり手法で予測モデルを学習し、どんな変数で分かれているのかを見たほうが直接的です。「たくさん買うのはどんな人か」とか、「頻繁に買うのはどんな人か」といった、購買者の特徴を知りたい場合も同様です。

教師あり問題として扱えない問題設定の典型例としては、異常検知があります。異常というのはそうそう発生するものではないため、異常な教師データは非常に数が少なく、教師あり問題として扱うことが困難です。

2. どんなデータを用いるか

分析要件の確認時にもある程度あたりはつけていますが、改めて利用データについて大まかな設計を行います。詳細についてはデータ理解後に改めて検討するのでも問題ありませんが、どのようなデータについてデータ理解を行うかについては、ここである程度絞る必要はあります。経験上、やみくもにデータを見始めるのは得策ではありません。方針をある程度立てたうえで、その方針どおり進められるかという観点でデータを見ていくのがよいでしょう。

データ取得先の整理と粒度の確認

　データによって、日単位だったり月単位だったりと、時間間隔の粒度が異なったり、店舗単位だったり都道府県単位だったりと地域の粒度が異なったりするケースがあります。とくに外部データを利用する場合には、外部データの粒度が粗かったり、内部データの粒度と噛み合わなかったりすることが多くなります。たとえば、外部データでの商品カテゴリー体系と、内部データでの商品カテゴリー体系が異なっていて、対応がつけられない場合などです。紐づけるデータの粒度が噛み合わないと、ほとんど役に立たなくなることもあります。

正解情報は用意できるか・その量はどれくらい用意できるか・説明変数としてどんな情報を用いるか（教師あり問題の場合）

　ここは、とくにビジネスサイドの人が大きな貢献をしやすいポイントです。ただし、必ずしも経験則を数理モデルに反映させることで精度が向上するとは限りません。また、人間の経験則をそのまま変数に落とし込もうとすると、データから抽象概念を抽出するような分析を挟む必要が出てくることもあります。たとえば、「人気のあるタレントのCMが放映されると需要が増える」という経験則をそのまま変数に落とし込もうとすると、CMに誰が出ているか、いつ放映されたかというデータが必要になるだけでなく、そのタレントは人気があるかないか、ということを判定するロジックが必要となり、「タレントの人気スコアづけ分析」のような分析が必要になったりします。このようなことが起こると、工数増大や誤差の生じるポイントを増やすことにもつながります。経験則をすべて反映させることが常によい結果を生むわけではないことには注意が必要です。

どんな期間・条件のデータを用いるか

　月による変動を考慮に入れた予測を行いたければ、どの年にも共通する月ごとの傾向をデータから学習するために、最低でも数年分のデータが必要です。逆に、使えるデータが1年分しかなく、平常時の予測ができればよいという話であれば、年末年始やゴールデンウィーク、夏休み期間やシルバー

ウィークは除いて分析したほうがよいでしょう。

　どんな条件のデータを用いるかについても整理が必要です。売上が一定額以上の商品で分析する、発売後一定期間経過した商品で分析するなど、分析対象を何らかの基準で絞る際には、その条件以外の対象とは傾向が異なるかもしれないということに注意する必要があります。

　使うデータ自体がアンケートなど意図的に集められたデータである場合は、そのデータはどんなバイアスをもったデータなのか、注意する必要があります。たとえば固定電話でのアンケートの回答データの場合、年齢層が高いユーザーが多かったり、一人暮らしの若者がほとんど含まれていかったりする可能性が高く、このデータから顧客の傾向をつかめるとは限りません。

3. どんな手法を用いるか

　データ理解後に改めて決定するという方針をとることもありますが、ある程度あたりをつけておくのが望ましいでしょう。

　実行時間の制約を満たせる見込みはあるか、解釈性の要件は満たせるかなど、分析要件に合っているか確認します。

4.　分析結果をどのように評価するか

　分析要件の確認時に大枠は合意した内容を詳細化します。手法や利用データなどの概要検討に応じて、見直しの必要があれば修正します。

5.　どんな環境を用いるか

　分析要件として確認した環境面の制約や使用するデータ量を考慮し、実際にPoCで用いる環境を検討します。

　考慮すべきポイントは、

- オンプレミスか、クラウドか
- OS／言語／マシンパワー／各種ソフトウェアやライブラリをどうするか
- HadoopやSparkのようなビッグデータ分析基盤は必要か

などです。

▌ 6. データ分析特有のリスクについての対応方針

以下のようなリスクについて、対応方針を検討しておきます。

- データの量や質が不十分なリスク
- 分析の結果期待する結果が出ないリスク

これらに対処するため、代替手段や簡易手段を用意したり、スケジュールに柔軟性をもたせたり、精度に応じてユースケースを複数パターン用意しておいたりするなど、さまざまなレベルで対応を検討します。

これらについて大まかな方針を決めたら、分析要件を考慮できているか確認するだけでなく、再度、ビジネス目的やプロジェクト目標に照らし合わせてアプローチが適切であるか確認することを推奨します。データ分析プロジェクトでは、その性質上、方針を適宜詳細化したり、修正・再検討したりすることが多くなります。そもそもの目的を見失わないよう、方針検討のたびに当初の目的に照らして考えることが重要です。

分析プロジェクトでは、結果が期待どおりに出ないことは往々にしてあるので、その際の対応方針を検討しておくことは非常に重要です。データ分析や分析設計の代替手法を用意しておくなど、分析作業者が得意な領域での対応も必要ですが、精度に応じてユースケースを複数パターン用意したり、結果のよい部分（商品や地域など）だけをビジネス適用したりするなど、ビジネスサイドの担当者のほうが得意な領域での対応方針も必要となります。そのため、分析作業者とビジネスサイドの担当者が一緒になって検討するのがよいでしょう。

失敗事例 No.7 ▶ 締め切り厳守の無設計

プロジェクト立ち上げ時に分析に詳しい人がおらず、スケジュールのみが決まった状態で分析作業者に話がくることがあります。その段階でスケジュールを変更できなくなってしまっていると、危険信号です。

たとえば、あるシステム開発のプロジェクトがあり、そのシステムの機能の一つにレコメンド機能があるとします。プロジェクト全体のスケジュールはリリース目標日から逆算して決められており、レコメンドロ

ジックの開発の期日も、2か月後と決められています。分析担当者Aさん
は、この状態でレコメンドロジックの開発リーダーを任されました。

　ところが、Aさんがレコメンドロジックの開発・検証用のデータを見て
みると、ほとんどの人が商品を1、2個しか買っていません。これでは、
どんな商品を買っているかという情報をもとにその人がどんな人かを推察
し、何をすすめたらよいかを決定することはできそうにありません。そこ
でAさんは、顧客のデモグラフィック情報（家族構成、職業などの顧客
属性の情報）や、ウェブサイトの閲覧履歴も用いることにしようと考えま
した。

　しかし、この時点で2週間ほど経過しています。ウェブサイトの閲覧
履歴を使うことを考えると、データ抽出期間も含めるととても当初スケ
ジュールには間に合わなそうです。顧客のデモグラフィック情報について
も、使おうとするとシステムの仕様に変更が生じてします。プロジェクト
オーナーに相談したところ、スケジュール変更は認められないとのことでし
た。

　仕方がないので、Aさんは使えるデータでできるだけのことをしようと
頑張りました。データが不十分なので、単にそのときよく売れている商品
を表示するというロジックの評価指標が最良となりました。それだけだと
それまでのランキング表示と代わり映えしないので、上位100件からラン
ダムにレコメンドするという工夫も入れました。

　その後、システムは無事に完成しましたが、レコメンド機能は効果もあ
まり見られず、機能も実質的にはランキング表示機能と重複していたため、
すぐに使われなくなり、「データ分析は役に立たない」という印象を会社
に残しました。

　スケジュール自体は、ビジネス的な要請に基づいて立てられることが少な
くありません。分析的な観点を考慮せずにスケジュールが立てられている場
合、いざ分析アプローチを検討してみると、どうにもスケジュールに収める
ことができそうもないケースが出てきます。分析官が入って話を聞くと、問
題が意外と複雑、要求の難易度が高い、データ整理に時間がかかりそうなど、
とても当初のスケジュールに収まらないことが判明するケースも往々にして
あります。無理なスケジュールで進めると、ロクな成果が出ず、プロジェク

ト目標は達成されずに終わりがちです。

　プロジェクト立ち上げ時に分析官に関与してもらい、プロジェクトが立ち上がる前に PoC のための事前簡易分析をしたうえでスケジュールを立てるという進め方も考えられます。この方法をとったとしてもなお、後述のように分析プロジェクトのスケジュール見積もりには難しさが伴います。

　データ分析を伴うプロジェクトを立ち上げる際は、スケジュールに柔軟性をもたせることが望ましいです。さらに、プロジェクト立ち上げ時のスケジュール計画の際に分析官が関与するようにすれば、分析官の頭のなかではアプローチ概要の検討が始められているため、最初から無理の少ないスケジュールになりやすいでしょう。

5.3 ▶ データ理解

　データ分析において、データの理解は重要です。データ理解が不十分であったために起きた失敗事例を紹介しましょう。

失敗事例 No.8 ▶ カンニングマスター

　　あるとき、「予測モデルをつくってみたところよい精度が出ていたので、実際の業務でテストしてみたが、うまくいかなかった」というお客様がいました。

　　そこでは、分析官が一人で予測モデルをつくっていました。彼には、「このデータから購買確率を予測するモデルを作成してほしい」とだけ伝えられており、データ項目は「列 1」「列 2」などの状態で渡されていました。

　　データベース設計の概念に、マスターデータとトランザクションデータというものがあります。

- マスターデータ：固定的な基礎情報のデータ
  （例）顧客属性マスター、商品情報マスター
- トランザクションデータ：発生した出来事を時系列で記録したデータ
  （例）購買履歴、ウェブ閲覧履歴

　トランザクションデータは、一度記録された後しばらくたってから修正

が行われることは多くありません。一方で、マスターデータには、性別や生年月日のように不変と考えられる項目以外に、居住地域や家族構成のように時々変わりうる項目や、顧客グレードのような定期的に更新される項目も存在します。一般に、これら項目の変更については、マスターデータを直接更新して運用するため、マスターデータを用いたモデリングではとくに「カンニング」に気をつける必要があります。

　今回の事例では、分析官に渡されていたデータはマスターデータであり、その項目のなかに実は「直近 6 か月での購買有無」を表すデータや、類似のデータが入っていたのです（→図 5.2）。

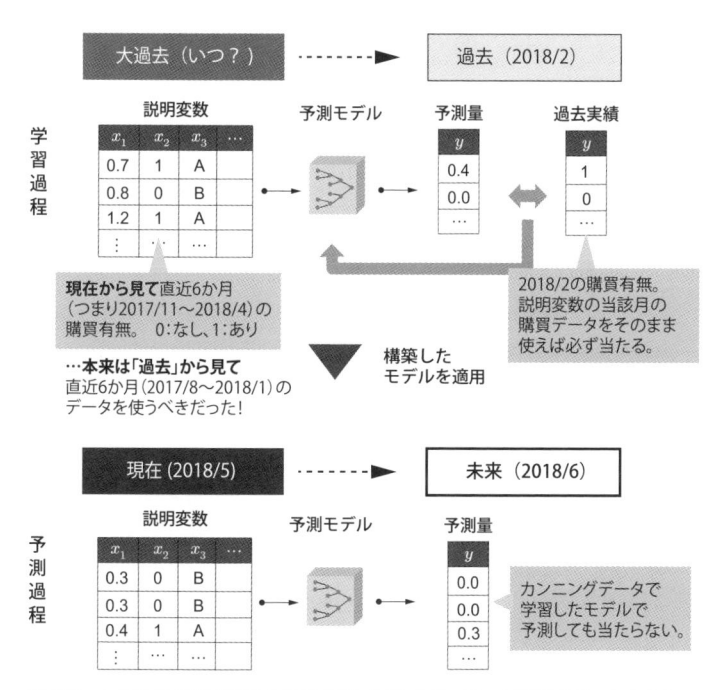

図 **5.2**　1 か月後の購買有無を予測するモデルの例。データ理解を誤ったために、大過去時点では知りえなかった現在の情報を用いて予測してしまった。

　すると、モデル学習と評価においては、本来はその時点では知りえなかった未来の情報を「カンニング」して予測しているので、高い精度を出すことができますが、実際にビジネス活用する際にはカンニングできないので、同じ意味の変数を作成することができず、精度は大幅に落ちてしまいます。同じ「列 1」でも、意味合いが変わってしまっているのです。

　この事例では、過去時点でのマスターデータのスナップショットは保存されていなかったので、「直近6か月での購買有無」を表すデータは諦め、同様の構造をもつデータを除き、新しいデータはひとまず使わずにモデルをつくり直しました。そのことで、精度は当初の60%から50%へと見かけ上は落ちましたが、実際のテストの結果は改善しました。（論理的には「直近6か月での購買有無」を表すデータをトランザクションデータからつくり直すことは可能でしたが、スケジュール上の判断で、トランザクションデータの利用は見送りました。）

　このような失敗は、単に機械学習アルゴリズムに詳しかったり、実装力が高かったりするだけでは防ぐことができません。分析官がデータの各項目の意味や、そのデータがどのようにしてつくられたものかを理解する必要があります。あるいは、当該データに詳しい人にデータサイエンスの基礎知識があり、かつ分析設計の情報が正しく共有されていれば、データ抽出時に気づけたかもしれません。分析官とデータ提供者との密な協力が重要なのです。

表 **5.4** データの理解

種類	確認項目
データのフォーマットや入力値の目視確認	●区切り文字 ●日付のフォーマット ●日本語などのマルチバイト文字有無 ●値のパッと見の大きさ・カテゴリー数・偏り・欠損の多さ
集計を通じたデータ状況の確認	●データ件数 ●データ期間 ●データの正確性の確認 　- 定義書との整合性 　- 欠損データ 　- 異常値や外れ値 ●データ紐づけの確認 　- 紐づけキーの正当性 　- 紐づくデータ量 ●分析設計のための確認 　- 各変数の分布 　- 2変数間の関係性 　- 時系列での傾向

　以上、「データの理解」が欠けていた例を一つ示しました。一般には、データの理解とは何を指すのでしょうか。分析官は、概ね表 5.4 のようなことを行っています。

データのフォーマットや、入っている値の目視確認

　まず、データの**区切り文字**に注意します。よくある落とし穴として、カンマで区切られたデータにおいて、データの中身にもカンマが含まれているケースがあります。「備考」の項目に「付属品なので，単体では販売不可」という文章が入っている場合などです。このような場合、どこでデータ項目が区切られているかの判定が難しかったり、機械的にできなかったりする場合があります。細かい話に思えるかもしれませんが、こうした細かい話を解決するためにも意外と時間がかかるのです。

　日付のフォーマットが、「2018/01/01」「2018-01-01」などと、データ抽出元のシステムによって異なることがあります。分析用のソフトが勝手に対応してくれることもありますが、処理のミスを防ぐために分析作業者が確認し変換すべきです。

　日本語などの**マルチバイト文字**があるときには、文字コードに気をつける必要があります。文字化けが発生したり、ツールが使えなかったりすることがあるためです。

　さらに、各列の値の、パッと見の**数値の大きさやカテゴリー数、偏り、欠損の多さ**などにも注意します。各列の平均や最大値最小値、カテゴリー数や欠損値の数は集計により定量的にも確認しますが、分析作業者がデータそのものを見て感覚をつかむことも重要です。

集計を通じたデータ状況の確認

　データの件数を確認し、量に応じて手法を選択したり、そのデータを利用するかどうか判断したりします。とくに、予測したい対象のデータが想定よりも著しく少ない場合には、信頼性の高い予測をすることが困難となるため、分析アプローチの見直しを推奨します。

　データ期間も確認します。データ期間が短い場合、長期のトレンドや周期

性をデータから学習することができなくなります。たとえば春夏のデータしかないと、秋冬による季節変動はわかりません。また、1年分のデータしかないと、その年の偶然の傾向なのか、翌年も見られるであろう季節変動なのかが区別できないため、長期トレンドをデータから抽出したければ、数年分のデータは欲しいということになります。

定義書の記述と実際のデータの**整合性**を確認し、不一致が見られる場合には、定義書と実際のデータのどちらが正しいか、なぜ不一致が生じたかを確認します。データ抽出時に誤って同じデータを取ってしまったり、データ記録時の障害などが原因でデータが**重複**していたりした場合、重複を除きます。

データ項目の**欠損**の有無を確認します。欠損がある場合には、どのようなときに欠損が生じているかを確認します（時系列のデータにおいてある時期以前がすべて欠損している、ある項目が特定の値をとるときのみ欠損している、など）。また、**異常値**や極端な値がないか確認します。

実際にデータを紐づけてみて、どの程度のデータが紐づけ可能かを確認します。データを紐づけて分析する場合には、基本的には紐づくデータだけで分析を行うこととなるため、一部顧客や一部期間など、使えるデータが減ってしまうことに注意が必要です。

分析設計のための確認としては、各変数の分布を確認します。また2変数間の**関係性**を確認し、分析設計の参考とします。さらに、データの**時系列での傾向**を見て、周期性はあるか、周期性が崩れるポイントはあるか（祝日が典型例）などを確認します。

上記のようなことを確認し、データについての理解を深めることで、適切な手法を選択することが可能となります。また、データはビジネス活動の実績を示すものです。そのため、データについての理解とビジネス理解は密接に関係しており、分析作業者のビジネス理解が深いほど、データを早く正確に理解することができます。分析作業者のビジネス理解が浅い場合、ビジネス理解のためのサポート体制や期間を確保しておくのが無難です。

また、データ理解のためには、データ自体を見るだけではなく、各項目が何を意味しているか、どのタイミングで更新されるのかといった周辺的な事

柄へ注意を払う必要があります。たとえばデータ内に「顧客 ID」が含まれていれば、

- 同じ人が同時期に顧客 ID を複数もつことはあるか
- 顧客 ID が更新されることはあるか
- 更新されるとすれば、頻度はどの程度か

といった情報の確認も必要です。そのためには、テーブル定義書やデータ定義書、システム概要などのドキュメントがあればそれを分析作業者と共有するのがスムーズです。ドキュメントを共有した場合であっても、データについての質問を受けて回答してもらえるよう、データに詳しい人と協力体制を構築しておくことが必要となります。

　そのほか、データのバイアスについての理解も重要です。得られたデータが全体の傾向を反映したものなのか、特定の集団の傾向を示すものなのかを判断する必要があるからです。たとえば、

- ポイントカードの会員データを扱う際、カードをもっているのは店舗利用者の何割程度か
- アンケートデータを扱う際、アンケートに回答してくれた人の属性に傾向はあるか

など、データがどのような規模で、どのような特徴をもつ対象から取得されたかについての情報が必要です。これらの情報は、データ自体を見るだけではわからないため、分析官とデータ取得者とで情報共有する必要があります。

　分析官は、データ理解のためにさらに高度な統計手法を用いることもあります。具体的には、必要に応じて次のようなことを行います。

- 実際に複数データを紐づけてみて集計する
- 可視化のための手法を用いる
- 外れ値や異常値を統計手法により検出する
- 簡易モデルを実際に構築して結果を解釈してみる
- 統計手法を用いて、時系列の傾向（ある日を境にある変数の水準が変わっている、など）を把握する

これらの作業は自動化できるものも多く含まれますが、「データを理解する」
という目的上、集計や可視化の結果を「分析官が見て解釈する」ことはどう
しても必要です。そのため、扱う変数が多ければ多いほどデータ理解にかか
る時間は増えていきます。データの確認の切り口は無数にありますが、無限
に時間を費やすわけにはいかないため、重要と思われる内容から順に確認し
ていき、ある程度データ理解が深まったら、先に進むこととなります。

　そのため、この次のステップに入った後でも、より深くデータ理解は進め
ることとなります。したがって、このステップが終わった後も、データに詳
しい人との協力体制は必要となることに注意が必要です。

データが使えないケース

　データ収集やデータ理解のステップにおいて、使えると思っていたデータ
が実は使えなかったということが判明し、プランの見直しを迫られることが
あります。データ収集の依頼時に想定していたデータが保持されていなかっ
たり、簡単に取得できないことが判明したりするケースです。その原因の多
くはやはり、アプローチ概要の検討時に、データに詳しい人が参画していな
いことにあるようです。たとえば以下のような例があります。

- 長期での傾向を分析するため5年分のデータを利用する予定だったが、よ
くよく調べてみると直近1年のデータしか保持していなかった。

- ユーザーの家族構成についての情報が入力されているという話だったが、
実はウェブ登録者のみで、しかも入力は任意だったためほとんどの人は入
力していなかった。

- 過去の設定値を簡単に取得できると考えていたが、販売実績のデータと紐
づく形でデータを取得するためには実は別のデータも必要で、別のデータ
については簡単には抽出できないことがわかった。

　対策としては、ここでもまずはアプローチ概要検討時にデータに詳しい人
に参画してもらうことが有効です。さまざまなデータのうち、

- なくてもプロジェクトの大きな目的にはさほど影響しないデータ
- ないとプロジェクトが成り立たないデータ

を見分けることは重要です。前者であれば、入手できなくても「予測に有用かもしれなかったが試せなかった」程度で済みますが、「前年の予測との比較をしたいが、システムの制約上前年のデータの取得ができなかった」となればプロジェクトが成立しません。分析上絶対に必要なデータについては、アプローチ概要検討時に収集可否を確認しておくべきでしょう。

また、データ収集ができても、そのデータが使えないことがデータ理解のステップにおいて判明するケースもあります。たとえば以下のような例があります。

- **データ抽出の誤り**
  （例）データから集計した売上額の規模が明らかに実態と合わず、調査したところデータ抽出時の条件が誤っていたことがわかった。

- **データが実は紐づかない**
  （例）顧客コードという項目で二つのデータが紐づくと思っていたが、紐づけてみると著しくデータ件数が減ってしまった。調査したところ、両者は別のシステムから抽出したデータで、同じ人でも別の顧客コードが割り振られていることがわかった。

- **分析対象がほとんど存在しない**
  （例）ある時期にサービスを開始し、かつ半年以内に別のサービスを開始した人の傾向をアンケートデータから分析する予定だったが、上記を満たしアンケートにも答えている人が数十人しかおらず、当初想定していた詳細な分析はできないことがわかった。

これらは、「**データはあるが、分析に使えるデータではない（少ない）**」というケースであり、データ収集前に気づくことはなかなか難しく、データ理解のなかで明らかになることは少なくありません。

5.4 ▸ 分析設計

　データ理解を深めた状態で、改めて分析設計を行います。アプローチ概要で大まかな方針は決めていますが、データの状況に合わせて、必要に応じて方針変更し、またアプローチを詳細化して具体的なタスクに落とし込んでいきます。

　なお、データ理解は以下の分析の最中にも深まっていくものです。そのため、分析の実施・評価の後、分析設計は変更されることもあります。また、分析設計は大まかに決めておき、細部は分析実施後に改めて検討することもあります。

▌データ加工方法の詳細化

　まずは、下記のような項目の検討を行い、データの加工方法を詳細化していきます。

利用するデータ項目の選定

　データ理解を踏まえ、実際に用いるデータ項目を選定します。モデルにはとにかくたくさんの項目を入れればよいと思われがちですが、そうではありません。項目を増やすと、余計なノイズが加わったり、過学習（後述）を起こしやすくなったりして、逆に精度が落ちることがあります。また、当然ですが、その分処理時間がかかります。

データ紐づけ方法の確定

　データ紐づけ方法を確定します。

データ抽出条件の選定

　データ期間や対象商品の決定のようなわかりやすい抽出条件に加え、「処理コード01は特殊対応によるものなので対象から外す」とか、「delete_flagが1のデータは使わない」などといった細かい条件についても整理します。

欠損値や外れ値、異常値の扱い方の選定

　欠損や外れ値、異常値の種類や多さに応じて対応を検討します。基本的には、これらを含むデータは使わずにきれいなデータだけで分析を行うか、何らかの値で置き換えて分析を行うかのどちらかの方針をとります。

変数加工方法の選定

　多くの機械学習手法では、変数をそのまま用いるのではなく、変数を組み合わせたり関数による変換を行ったりして、よりよい変数を用意します。そのほうが精度が高くなるためです。合成変数の例としては、たとえば性別と年代をまとめて「性年代」としたり、売上の移動平均を変数としたりすることがあります。また、変数変換の例としては、目的変数と説明変数の関係によって対数や指数をとることがあります。

分析手法の詳細化

　分析要件に加え、データ理解も踏まえて、手法を選定します。

評価方法の選定

　評価方法に関する検討事項としては以下があげられます。

- 評価手法（クロスバリデーション、ホールドアウト法など）の選定

  精度評価を行う場合には、過学習を防ぐため、未知のデータで評価する必要があります。過学習とは、学習に用いたデータに過剰に合わせてしまった状態です。過学習が起こると、学習に用いたデータでは極めて高い精度が出るものの、学習に使っていないデータ（違う日のデータなど）では大きく外してしまうなど、汎化性が低くなってしまいます。未知のデータで評価するため、学習用と評価用のデータをどのように分割するなどを選定します。

- 学習対象データや期間の選定
- 評価対象データや期間の選定
- 定量評価指標の選定

  定量評価指標にさまざまな指標があり、それぞれに特徴があります。そのため、なるべくビジネス上の指標に近くなるような指標を選定します。

● 定性評価方法の選定

誰がどのように定性評価を行うかを決めます。定性評価を行うためには、人が見やすいようにデータを可視化する必要がありますので、可視化方法についても検討します。

上記のような項目について詳細化した後、再度工数見積もりを行います。この段階で、当初想定よりもデータの質が悪い、使えるデータ数が少ない、予測対象に特徴が見えづらく問題としての難易度が高いなどの理由で、当初想定していた以上に前処理が必要となることがあります。あるいは、より複雑な手法を用いたり、複数手法を組み合わせたりする必要が生じ、スケジュールに間に合わなくなるケースも多々あります。そのような場合の対処法は通常のプロジェクトマネジメントと同様に考えればよいですが、分析プロジェクトではその性質上、全体の工数見積もりがとくに難しいということは意識しておくとよいでしょう。

分析設計のステップは、基本的に分析官が主導して行われます。しかし、分析官に丸投げするのではなく、ビジネスサイド担当者も加わり、分析の要件を考慮できているかどうかや、ビジネス目的やプロジェクト目標に照らし合わせてアプローチが適切であるかを確認することを推奨します。「データ分析では客観的な結果が得られる」と思われがちですが、分析設計の良し悪しは決して客観的な方法で決めることはできません。むしろ主観が入る余地がおおいにあります。どのような合成変数を用いるかや、どのようなデータでどのように評価を行うかは、とくに分析官ごとの個性が出やすいと言えます。そのため、分析官の設計が適切であるかどうか、複数人で議論するのが望ましいでしょう。

とくに、PoC で検証を行う範囲を絞っている場合には、分析官はその範囲だけにフォーカスしがちです。おおもとのビジネス目的を見失わないよう、注意が必要です。

5.5 ▸ 分析実施

　分析設計に従い、実際に分析作業を行います。分析作業には、大きく以下のような作業があります。

- 分析環境の構築
- データハンドリング
- モデル学習
- モデル評価

▌分析環境の構築

　分析用のサーバーやソフトウェアなどを準備します。ビッグデータを扱う場合やGPUを使う場合など、内容によっては不慣れな人が対応すると工数がかかることもあります。また、開発用の環境と分析用の環境を別個に揃える必要がある場合や、サーバーの調達から始める場合などは、その分の工数を見ておく必要があります。分析官がそれらに詳しいとは限らないため、別の担当者を立てるべきかどうかも検討しておく必要があります。

▌データハンドリング（前処理）

　分析用のデータを加工し、分析可能な状態にします。データの紐づけや抽出のような、特段データサイエンスの知識を要求されない作業もあれば、欠損値や外れ値の処理や変数変換など、データサイエンスの知識が必要な作業もあります。一部の作業はデータ理解時に実施しているため、使い回せるものもあります。

▌モデル学習

　モデルを学習するためのプログラムを書き、実行します。主要な機械学習手法については有償／無償のパッケージやライブラリ、ツールを利用することで、開発期間を短縮できます。ツールを用いる場合、GUIで操作できるものもあります。

　モデルとは、現実の事象を何らかの数式で表したものです。各変数の値によって出力がどのように変わるかは、モデルのパラメータによって決まります。データに合うようなパラメータを計算することを、モデルの学習と呼びます。

　たとえば「売上 ＝ a × 営業担当者数 ＋ b」というモデルを立てたとすると、営業担当者数が変数、a と b がパラメータです。過去データに対して最も当てはまりがよいように a と b の値を決めるのが、モデルの学習です。

　モデル学習のプログラムやツールを実行すると、データに対して当てはまりがよくなるように、モデルのパラメータが計算されます。多くの手法では、パラメータを反復的な数値計算によって徐々に改善していきます。扱う手法やデータ件数、変数の数などによって、パラメータ計算にかかる時間は大きく異なります。

　なお、上述の例では、「そもそも売上は営業担当者数だけに依存するものではない」とか「単純に営業担当者数に比例しないのではないか」など、つっこみどころはあるかもしれません。どのような変数で説明するのかや、どのような数式で表現するのかについては、分析設計の際に検討します。どのような数式で表現するかということと、どのような手法を用いるかということは密接に関係しています。

┃モデル評価

　作成したモデルを評価します。評価には**定量評価**と**定性評価**があります。また、別の分類として、**オンライン評価**と**オフライン評価**と呼ばれる分類があります。オンライン評価とは、実際に分析結果をビジネス適用してみて評価する方法で、オフライン評価とは、今あるデータで評価する方法です。オンライン評価は実際にビジネス適用するためにコストがかかり、結果が出るまでに時間もかかりますが、本番での結果が直接評価できるので信頼性が高く、わかりやすい指標で評価できるという特徴をもちます。

　オフライン評価では、汎化性の評価のため、学習に用いたデータとは別のデータで評価する必要があります。学習に用いたデータで評価してしまうと、他のデータでも精度が出る保証は得られません。ここを間違えると、評価で

は好成績だったのに実際のビジネス適用ではまったく当たらない、ということになってしまいます。

　一般にモデルは試行錯誤しながら複数作成されるので、モデル評価も複数行われることとなります。そのため、毎回評価のために時間やコストをかけるのは非効率なので、一次評価としてオフライン評価での定量評価を行い、結果のよいいくつかのモデルについて定性評価やオンライン評価を行うのが理想です。分析結果の評価については、次節で改めて触れます。

　一般に、モデルは1個作成して終わりではなく、モデル評価結果をもとに、何度もモデルのチューニングを行うこととなります。初期モデル構築時には一連の処理を構築するために工数がかかりますが、一連の処理ができてしまえば、チューニングや改善はちょっとした変更で済むことも多く、短期間で試行錯誤を回せるようになります[1]。

5.6 ▶ 結果の考察・改善方針の検討

　分析実施により得られた結果をもとに考察を行い、必要であれば改善方針を検討します。

　分析実施により、得られた何かしらの結果が、果たしてよいのか悪いのか、使えるのか使えないのか、評価し考察する必要があります。ユーザーに結果を見てもらったり、簡単でよいのでビジネス的な価値を試算したりするなど、ビジネス目的やプロジェクト目標に照らした考察を行うことで、目指すべき方向からブレずに分析プロジェクトを進めることができます。

　結果が不十分であった場合には、改善方針を検討することとなります。方針の一例を以下に示します。

- 利用データ数やデータ期間の追加
- 利用データ種類の追加

---

[1]　進行中プロジェクトの定期的な報告を分析官から受けたことのある方は、プロジェクト前半はなかなか結果が出てこず、後半になってようやくさまざまな試行錯誤がなされ、結果がいろいろと出てくるのを経験したことがあるかもしれません。それには、ここで述べたような事情があり、決して期日が迫ってから分析官が慌てて頑張っているわけではないのです。

- モデルのパラメータチューニングの実施
- 各種手法の変更
- ヒューリスティックな前処理や後処理と組み合わせる
- 複数モデルを作成して組み合わせる
- 精度のよい部分だけビジネス適用する

このなかには、モデルそのものの改善方針になっていないものもあります。重要なことはプロジェクト目標を達成することです。そのため、改善方針の検討の際にも、単なる精度向上だけでなく、「プロジェクト目標達成のための改善」を目指す意識が重要です。データサイエンティストたちがスキルを競う場として、Kaggle というサイトがありますが、そこでは、データサイエンティストたちは決められた問題に対してモデルを構築し、評価指標を少しでも高くすることを目指します。データサイエンティストのスキルというと、Kaggle で高スコアを出すようなものにスポットが当てられがちです。実際の分析プロジェクトにおいてそうしたスキルは求められるのは確かですが、それに加えて、目標に照らして「問題設定自体を変更する」という発想力も必要となります。そのような改善については、データサイエンティストよりもビジネスサイドの担当者のほうが、より優れたアイデアを出せる可能性があります。分析官に任せきりにせず、定期的に結果を報告してもらい、一緒に方針を検討することが理想です。

　今得られている結果と改善方針を踏まえて、PoC を継続して改善を実施するか、リスク覚悟でプロジェクト化を決断するか、プロジェクト化せずにほかのことにリソースを回すか、判断することとなります。

　十分な結果が得られた場合には、プロジェクト化し、ビジネスに適用していきます。ビジネス適用するときの流れや注意点については、次の章で説明します。

5.7 ▸ 本章のまとめ

本章では PoC の進め方と注意点について見てきました。改めてポイントをまとめておきます。

【分析要件の確認（5.1 節）】

- ビジネス目的やプロジェクト目標に照らして、分析で達成したい内容に漏れや余計なものがないかを確認する。
- ユースケースに沿って、活用時に求められる要件を確認する。
- PoC としてのスコープを確認する。
- PoC はコンパクトに行う。

【アプローチ概要の決定（5.2 節）】

- どんなデータに対してどんな手法を用いるか、ある程度あたりをつける
- 分析で結果が出ないリスクに対しては、ビジネスを深く理解している人と分析官が一緒になって、対応を検討する。

【データ理解（5.3 節）】

- データ理解は重要。
- データ収集・データ理解では、データに詳しい人との協力体制が必要。
- データとビジネスは密接に関係しており、データ理解の文脈からもビジネス理解は重要。

【分析設計（5.4 節）】

- 分析設計の段階でも、改めてデータ理解を深める。
- スケジュールが達成できるかどうかも注意する。

【分析実施（5.5 節）】

- 初期のモデル構築には時間がかかる。
- その後は、短期間で試行錯誤を回せるようになる。

【結果の考察・改善方針の検討（5.6 節）】

- 精度だけを見るのではなく、プロジェクト目標達成に照らした有用性を評

価し、改善方針を立てる。
- 改善策は、分析官とビジネスサイド担当者がともに検討する。

PoC がうまくいったら、ビジネス適用に進みます。

Chapter **6**

ビジネス適用

　PoC の次は、いよいよ実際の業務に分析結果を適用していきます。本章では、PoC で得られた知見を、いかに実ビジネスで活用するか、事例を交えながら紹介します。

　前章では、PoCをいかにうまく進め、結果を出すかについて述べました。しかし、PoCでよい結果が出たからといって、すぐに実業務に使えるわけではありません。実際、PoCまでは順調に進んでいたにもかかわらず、残念ながら実業務でうまく活用できず、忘れさられてしまうようなプロジェクトは数多くあります。PoCはあくまでデータ分析を実業務に活用するための準備であって、データ分析の本来の価値は、実業務に活用できて初めて発揮されると言えるでしょう。本章では、まずデータを実業務で活用するとはどういうことか、また、PoCと実業務では何が違うのかを紹介し、業務への活用の流れに沿って、よくある課題とその対策についてまとめます。

6.1 ▶ データを実業務で活用する

　「データを実業務で活用する」とはどういうことでしょうか。一言で「活用」といっても、さまざまです。しかし、共通して言えるのは「業務上の意思決定を支援」していることです。そこで、データ活用事例を意思決定の観点から以下の二つのタイプに分けて考えてみましょう（→表6.1）。

1. データを人間が解釈し、その後の施策に活かすもの
2. 繰り返し業務の効率化・自動化を図るもの

　分析官が「売上データ」を分析して、「なぜ」売上が落ちてしまったのかをデータから導き出してレポートする例を考えましょう。経営者はその結果

表 6.1　データ活用方法の目的による分類

意思決定の種類	具体例	重視されるポイント
データを人間が解釈し、その後の施策に活かす	●売上の伸び悩みの要因分析レポート ●ウェブ広告の施策結果のBIツールによるダッシュボード	●分析結果の解釈可能性 ●適切なタイミングでの可視化
繰り返し業務の効率化・自動化を図る	●レコメンドシステム ●人員配置最適化システム ●不良品検知システム	●業務への直接的な貢献 ●必要十分な精度

をもとに施策を考え、実行することができます。レポートをもとに判断するのではなく、BI ツール◆1 などを使って、常に指標を監視して、適宜施策を打つことも考えられますが、どちらにしても、「業務上の意思決定」の前に人間の解釈が入っているのが特徴で、前者のタイプに分類されます。

　一方で、商品のレコメンドも、データ活用の典型的な一例です。ウェブサイトに来たユーザーに対して、どのような商品を推薦するかという「意思決定」にデータが活用されています。別の活用例としては、商品の配送計画の自動調整・最適化もあげられます。複雑な業務上の制約を満たしながら、いかに安く商品を複数拠点に配送するかを算出するようなシステムです。これらの例は先程の例と違って、人間の解釈を挟まずに、機械学習・データ分析の結果を直接業務に反映させているのが特徴で、後者のタイプに分類されます。このタイプの場合には人間の解釈が入らないため、高速に大量の意思決定を行うことができるというメリットがあります。

　活用のタイプによって必要なスキルや課題点が異なるため、プロジェクトの立ち上げの段階で、この 2 種類の違いをしっかりと意識しておくことが重要です。

　たとえば一つ目のタイプの場合、解釈が重要になります。意思決定者が分析結果を誤って解釈してしまうと、正しい意思決定ができません。そのため、「いかに可視化するか」が非常に重要になります。また、意思決定者自身にある程度以上のデータリテラシーが要求されますし、分析官は、意思決定者のデータリテラシーを考慮に入れて可視化を行わなければいけません。

　一方、二つ目のタイプの場合、分析結果をいかに業務に組み込むかが重要な課題となります。それにはビジネスやデータ分析に関する知識に加え、システム開発や運用に関する知識が必要になります。また、システムの開発費用もかかるため、一つ目のタイプと比べて大掛かりになりがちである点を考慮しておく必要があります。こちらのタイプをしっかりと進めるには、機械学習特有のノウハウが必要になります。

　そこで、本章の残りでは、主にこちらのタイプ（業務の効率化・自動化）

6

ビジネス適用

◆1　BI ツール：p. 64 の脚注参照。

の活用方法について取り扱います。とくに機械学習を利用したシステム（以下では簡単に機械学習システムと呼びます）と普通のシステム開発とは何が違うのか、何が課題となるのか、そして、その課題はどのように解決していくかについて紹介することにします。

▍PoC とビジネス適用の違い

　分析プロジェクトを進めていくうえで、よくある誤解が「PoC でよいモデルができたのだから、後は既存のシステムとの連携部分だけを開発すれば、すぐに業務で使えるんでしょ？」というものです。PoC の結果がよければよいほど、自然と期待値は高まり、すぐに使い始めたくなるのが人情です。**しかし、PoC はあくまで「実効可能性の検証」であり、データを実業務で活用するための 1 ステップにすぎない**ことを認識しておく必要があります。とくに、以下のような点を意識して、業務への活用のステップを設計しなければいけません。

　一つ目は、PoC で作成されたコードは、試行錯誤を繰り返す「実験用」のコードである点です。必ずしも実業務での利用を想定していません。たとえば試行錯誤している最中に、異常系まで含めた完全に動作するコードを書くことは困難ですし、工数や期間の観点からも現実的でもありません。そのため、コードの品質はどうしても低くなりがちで、そのまま実業務に耐えられる質であることは多くありません。

　二つ目は、データ分析の PoC では予測モデルの精度の検証に重点がおかれやすく、計算量やメモリ使用量などが軽視されがちな点です。PoC では、不確実性の高いものを優先して検証すべきなので、それ自体は間違いではありません。しかし、実業務で利用するには、PoC では優先度の落とされがちなシステムに関する検証も必要です。

　三つ目は、PoC と実業務ではデータに関する環境が違う点です。PoC の目的は「検証」ですので、さまざまな結果を比較できるように、ある固定した期間のデータを使って分析することがほとんどです。しかし、実際のデータは時々刻々と変わるものです。更新のタイミングも量もデータによってばらばらです。これをしっかりと意識しておかないと、実業務での利用におい

てトラブルのもととなりやすいため、注意が必要です。

　最後に、PoC では、ビジネス上の KPI の達成可否まではわからないことが多い点です。データ分析は使われて初めて価値が出ますが、分析の PoCで検証できるのは、あくまでモデルの精度やデータの背後に潜む知見などであることが多いです。その結果をどうシステムに組み込むのか、またそのシステムは業務フローに乗るのか、そしてビジネス上の KPI を達成可能かについては、ある程度の想定はできるものの未検証であることがほとんどです。

表 **6.2** PoC とビジネス適用の違い

	PoC	ビジネス適用
目的	分析アルゴリズムの検証	意思決定の自動化・支援
コードの品質	試行錯誤を経た実験用のコード	テストを通過した高品質なコード
重視されるポイント・成果指標	予測アルゴリズムが必要な精度を達成しているか	● 予測アルゴリズムに加え、システム上、業務フロー上適用可能か ● ビジネス上の KPI を達成できるか
利用するデータ	過去の固定された期間のデータ	常時更新されるデータ

　このように、PoC が成功裏に終わったとしても、その結果を業務に適用し、運用するまでには、解決すべき課題がいくつもあります。そのため、PoCの結果に一喜一憂せずに、しっかりとビジネス適用のステップを踏んでいくことが重要です。

機械学習システムの活用フロー

　それでは、ビジネス適用のフェーズはどのような流れで進めていくのでしょうか。機械学習システムの、一般的な開発・運用の流れを見てみましょう（→図 6.1）。

　プロジェクト立ち上げと PoC については、前章までで述べたとおりです。ビジネス適用のフェーズは以下の 3 ステップに分かれます。

1. 実地試験
2. 開発
3. 運用・保守

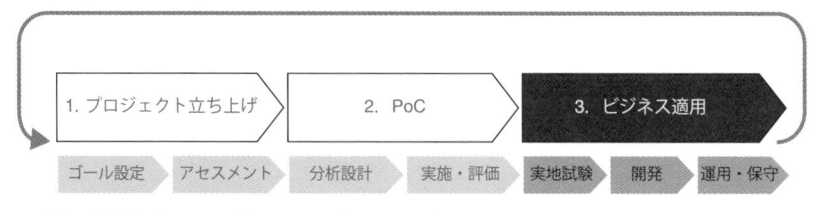

図 6.1 機械学習システム活用フロー（図 3.1 再掲）

　実地試験のステップでは、PoC の結果を実業務に部分的に実装し、運用します。これにより、そもそも利用してもらえること、また利用した場合にビジネス上の KPI が実際に達成可能であることなどを確認します。

　実地試験でシステムの有用性を確認できたら、次はシステムの本格的な**開発**に進みます。このステップではシステムの要件定義・設計から開発、テストまで行います。機械学習システムは一般に複雑化しやすいと言われているため、要件定義と設計をしっかりと行うことが重要になります。

　最後に、**運用・保守**です。通常のシステムと違い、機械学習システムは外部データに強く依存しているため、外部環境の変化の影響を受けやすくなります。そのため、システムの監視に加え、機械学習モデルの精度や評価指標を常に監視し、適切なタイミングで適切な施策を打てるような体制をつくっておく必要があります。

　なお、機械学習システムでは、監視だけでなく常時分析し続けることが重要です。繰り返しになりますが、機械学習システムは、本質的に外部データに強く依存しています。そして、データを取り巻く状況は刻一刻と変わります。データが変わっていくのに合わせ、機械学習モデルの精度も徐々に低下していくことがよくあります。場合によっては、評価指標そのものを変える必要が出てくることすらあります。そのため、システムの運用・保守と並行して分析を繰り返し行い、適宜 PoC や実地試験のステップに立ち戻る必要があります。

失敗事例 No.9 ▶ 当初の意図が伝わらない

　本書で何度も述べてきたように、昨今データサイエンティスト不足が叫ばれており、分析官は貴重な存在です。分析プロジェクトの立ち上げからシステム化・運用まで進めると、どうしても長期間のプロジェクトとなります。その期間を通じて、分析官を一つのプロジェクトで確保し続けるのが難しい状況もよくあります。

　とあるプロジェクトでは、深層学習を用いた不良部品の検知に取り組んでいました。

　PoC までは優秀な分析官が中心的な役割を果たして実用に耐えうるような精度のモデルを構築し、何とかシステムの構築まで進みました。

　システムの開発や運用のフェーズはエンジニアが中心的な役割を果たしました。優秀な分析官は、PoC の終わった段階で、引き継ぎのドキュメントを残し、別プロジェクトにアサインされました。

　エンジニアは分析官のコードのリファクタリングから始め、何とかシステムを構築しました。しかし、実際に動かしてみると、要求されている速度を達成するには、非常に高価なハードウェアが必要なことがわかりました。どうやら一つの説明変数のために複雑な前処理が悪さをしていることがわかりました。精度を見てみたところ、この変数は要らないようにも見えるのですが、本当に除いてしまってよいのか確証がもてず、結局高価なハードを購入することで対応しました。

　この事例の教訓は、しっかりとした引き継ぎが必要であるということです。分析官のなかには、個人での研究に慣れており、開発したシステムがずっと動き続けるという事実に対する認識が甘い者がいるのも事実です。また、PoC で試行錯誤をしている段階では、今やっている手法が将来本当に使われるのか不明なため、ドキュメントに残すことはどうしても優先順位を下げられがちです。

　しかし、往々にして、PoC の結果は複雑な前処理と複雑なモデルを組み合わせたものになります。PoC の結果に関するドキュメントがしっかりしていないと、システム開発や運用が進むにつれ、後任者に当初の意図が伝わらず、「なぜか必要とされている処理」が大量に残ることになり、運用や保守、システム改善に支障をきたすようになります。

　PoC の最中にドキュメントに注力するのは難しい側面がありますが、

PoC の最終結果については、経緯等を含め、ドキュメントにしっかりと残しておくことが、後々の効率的な運用につながります。

機械学習システム開発のチーム構成

本節の最後に、機械学習システム開発のチーム構成について触れておきます。第4章でも触れたとおり、分析プロジェクトを遂行するにあたって、さまざまな人材が必要です。たとえばブレインパッドでは、PoC 後のシステム開発のフェーズにおいては、以下のような体制でのぞむことが多いです。

1. プロジェクトオーナー・ビジネスサイド担当者
2. プロジェクトマネージャー（PM）
3. 分析官・機械学習エンジニア
4. データエンジニア・開発エンジニア

ここで、分析官は PoC を担当しており、データについて最も詳しい人間です。機械学習エンジニアは、分析官の「実験用」のコードをもとに、システムに実装します。機械学習エンジニアと分析官はスキルセットが似ていることもあり、兼任することが多いです。そして、データエンジニアと開発エンジニアがシステム全体の設計や開発を行います。PM は、チーム全体をとりまとめます。また、お客様にプロジェクトオーナーやビジネスサイド担当者の役割を担っていただきます。

普通のシステム開発と比較して、注意しなければいけない点として、機械学習の有用性やリスクを PoC で完全に洗い出すのは不可能であることがあげられます。そのため、柔軟に対処できる体制が重要です。それには、お客様側にプロジェクトオーナーやビジネスサイド担当者の役割を担っていただき、随時「ユーザー視点」からのフィードバックをいただける体制をつくる必要があります。

機械学習システム特有の課題

それぞれのステップで、機械学習特有の課題が発生することがよくありま

す。詳しくは次節以降で見ていきますので、ここではよくある課題について箇条書きでまとめます。

1. チームの構成が難しい　→ 6.1 節、6.4 節
2. 使ってもらえないシステムをつくってしまう　→ 6.2 節
3. 機械学習にすべて任そうとする　→ 6.2 節、6.3 節
4. コードの品質の担保が難しい　→ 6.3 節
5. 外部データへの依存と暗黙のフィードバック　→ 6.3 節
6. 精度の低下に対応できない　→ 6.3 節、6.4 節
7. 処理時間の見積もりが難しい　→ 6.4 節

6

ビジネス適用

---

column　機械学習を使わないでシステムをつくる

　ブレインパッドには、「やりたいことは明確だが、データがない」という状況のお客様が相談に来られることも少なくありません。その場合には、いかにデータを貯めるか、という点からコンサルティングを始めます。データがなければ、機械学習は使えないためです。

　データの貯め方には色々な方法がありますが、「機械学習を使わない、ルールベースのシンプルなロジック」のサービスをつくることを提案することが多いです。後述するように、機械学習システムには、機械学習システム特有の問題があり、技術的負債となりやすいと言われています。そのため、必要がない限りは機械学習は使わないという選択が、多くの場合ベストです。データが貯まってから機械学習モデルを構築し、ルールベースよりも性能が良いことがわかったら置き換えればよいわけです。

　機械学習を用いないルールベースのシンプルなロジックを実装しておくと、おのずと機械学習がなくても動くようなシステムとなっており、何らかの原因で機械学習部分がうまく動かなくなったとしても、初期のロジックで代用することができるため、機械学習特有のリスクを軽減することができます。

6.2 ▶ 使ってもらえるシステムをつくる

　せっかくコストをかけてシステムをつくるのだから、使ってもらいたい、活用してもらいたいと考えるのが当然です。しかし、実際には使ってもらえないものをつくってしまうことがよくあります。分析を専業としているブレインパッドで働いていても、そういった事例は時々発生し、とても悲しい気持ちになります。使ってもらえない原因は多岐にわたるため、すべてを網羅することは難しいですが、そのなかでもよくある原因とそれに対する対策を紹介します。

▎なぜ使ってもらえないシステムができるのか

　先行開発を担当している部署が、機械学習システムの導入によって他部署の業務を効率化しようとしているケースを考えてみてください。このようなケースでは、AIや機械学習を導入しようとしている方と、実際に使う方が異なります。そのため、せっかく構築したシステムが使ってもらえないようなことが起こりがちです。実際、ブレインパッドの仕事でも、そういったケースのお客様がとても多く、お客様ごとにさまざまな工夫をするのですが、大きく分けて以下の二つの観点を意識するようにしています。

- ●本当に価値を提供できるシステムになっているのか
- ●利用してもらえるような工夫をしているのか

　そもそも論として、何らかの価値を提供できるシステムでなければ使われなくなってしまうのは当然のことです。現場の方には現場の方の仕事があるため、システムのユーザーとなる方自身がAIや機械学習といった新しい技術を検討する余裕はなかなかありません。そのため、前述のように、機械学習を導入しようとしている部署と、実際のユーザーとなる部署が異なることになります。この二つの部署間で認識の共通化ができていないと、目的や目標を見誤ることになります。機械学習システムの導入によって業務効率化を目指していたが、実はユーザーとなる現場の方は現状に満足していて、機械学習システムの導入を望んでいないようなケースも時々あります。

　こういった認識のズレは、機械学習特有のものではないと思われるかもしれません。しかし、普通のシステム導入と違って、分析プロジェクトにおいては、プロジェクト初期の段階では、具体的にどんなシステムをつくるのか明確にできないことが多々あります。機械学習モデルがどの程度の精度となるのか、そもそもデータを集めることができるのか、など不確定な要素が多いからです。そのため、具体的なシステムのイメージを共有することができず、部署や担当者ごとに認識がズレていたとしても、なかなか気がつきにくいものです。PoC を通じて、施策が具体化されてきた段階で、再度イメージの共有をする必要があります。また、前節で説明したとおり、PoC と実際の業務との間にも多くの違いがあります。実業務上で実際にどの程度の価値があるかについて、機械学習モデルの精度評価を除いては PoC では検証しきれないことがほとんどです。そこで、本格的な開発と運用の前に実地試験を行い、実業務上での価値を検証することが重要になります。

　次に認識すべきなのは、価値を提供できるシステムができれば、必ず使ってもらえるというわけではないという点です。これにもさまざまな原因が考えられますが、受託分析の仕事をしていて気をつけているのは、以下のような点です。

1. 学習コストが考慮されているか

　システム導入を主導している部署と、ユーザーとなる部署が異なる場合、システム導入に対する温度感がかなり違うことがあります。新しいシステムを導入すると、多少なりとも現状のオペレーションを変えることになります。ユーザーとなる部署は、日々の仕事をこなしながら、他部署の提案によって新しいオペレーションを覚えることになります。多少なりとも面倒臭さを感じてしまうのは仕方がないことのように思えます。

2. 機械学習システムに対する不信感を払拭できるか

　ユーザーとなる現場の方は、その仕事のプロです。長年の経験があり、自分の仕事に対する自負もあります。自分たちよりも仕事の内容に詳しくない他部署から提案されたシステムに対して不信感をもってしまうの

も致し方のないことかもしれません。また、日頃の業務を機械学習システムに任せたとして、成果がうまく出なかった場合には誰が責任をとるのでしょうか。結局自分が責任をとるのであれば、機械学習システムよりも、その仕事のプロである自分でやったほうが安心できるというのも納得できるのではないでしょうか。

3. **企業にとって価値があるだけでなく、ユーザーにとっても価値があるか**
機械学習によるコスト削減を目標に掲げるプロジェクトが多くあります。とくに目をつけやすいのが人件費です。これは企業としては正解かもしれません。では、人間を完全に置き換えられるほど高性能な機械学習システムができたとして、自分の仕事を奪ってしまうようなシステムを現場は受け入れてくれるでしょうか。現場に受け入れてもらうためには、現場のユーザーにとって、どのような価値のあるシステムなのかという観点を考慮に入れる必要があります。

それでは、こういった課題にどう対処したらよいでしょうか。

▎目標を明確化する

本来、目的や目標を設定するのは、分析プロジェクトの立ち上げの段階です（→第4章）。しかし、データ分析プロジェクトでは、はじめの段階では不確定要素が多すぎて、決めきれないことが多いのも事実です。そのため、PoC で得られた知見をもとに、ビジネス適用の段階で、再度目標を明確化します。

▎ユーザーと一緒に取り組む

適切な目標を設定するには、ユーザーの意見が不可欠です。ユーザーの意見がなければ、上述のような認識のズレに気づくこともできません。決めきれないことが多いとはいえ、目的や目標は、基本的にはプロジェクト立ち上げの段階で決めます。そのため、システムのユーザーと想定される方には、プロジェクトの立ち上げ段階から参画いただき、適宜フィードバックを受けられるような体制をつくっておく必要があります。また、ユーザーと議論す

る際には、以下のような観点を盛り込んでおくとよいでしょう。

1. 目的や目標は正しいか

繰り返しになりますが、企業全体として価値があるだけでなく、ユーザーが価値を感じられることが、システムを使ってもらうために必要です。システム導入を主導している部署とユーザーの間で、目的や目標についてしっかりと意見交換し、認識を合わせておくことが重要です。

2. 業務のどの部分に機械学習を適用すると、最も価値が高いか

機械学習の得意なのはあくまで「大量なデータを高速に処理すること」であって、万能ではありません。そういった特性を考慮に入れたうえで、機械学習の適用領域を適切に決定する必要がありますが、これには、業務の詳細を知っているユーザーの意見がとても参考になります。

3. どの程度の精度が必要か

機械学習システムの出力は、100％正しいというものではなく、確率的なものです。たとえば90％の確率で正しい、ということまでしかわかりません。また、その確率値のおおよその値はPoCを通じてわかってきます。よく「ここは100％でなければ意味がない」と言われることがありますが、そういう課題に対しては、機械学習を使うことはできません。本当に100％必要なのか、現場の方を交えて議論すべきです。議論のなかで、確率的にわかるだけで価値が出せるような使い方を見いだせることも多いです。たとえば、不良品の検知システムにおいて「不良品は絶対に許せない」ということで、100％の精度を求められることがあります。しかし、現場の方と議論をしてみると、現在は人間が目視で不良品の除去をしているので、「人間以上の精度であれば問題がない」とか、「精度が低くても、最終的に人間が確認するので問題ない」といった意見が出ることがよくあります。

実地試験を行う

前述のとおり、プロジェクトの立ち上げ段階では、PoCでどのような結

果が得られ、具体的に何ができるのかわからないことも多いです。また、PoC で利用できるデータは、基本的に過去のデータであり、現在のデータと同じである保証はありません。また、実際に利用してみたときにどのようなインパクトがあるのかもわからないことが多いです。そのため、PoC でビジネス適用に必要なすべての項目を検証するのは不可能です。本格的に導入する前に、実地試験を行い、現在のデータを使って、実業務のなかで本当に価値を出せるか確認する必要があります。

▌機械学習にすべてを任せない

KKD（勘と経験と度胸）という言葉がありますが、人間の判断能力はとても素晴らしいものです。機械学習は与えられたデータのみから類推を行うものですから、過去にないような事例に対しては、大抵の場合うまく機能しませんし、臨機応変な対応もできません。そういった状況に対応できるように、人間によって操作できる「遊び」を残しておくことが重要です。

失敗事例 No.10 ▶ 目標値を見誤る

とある企業では、ライターさんたちからの入稿を受けつけるためのシステムを運用していました。そのシステムでは、記事本文に加え、検索結果用の「要約文」も登録してもらうような仕様となっていました。そこで、入稿時の手間を省くために、要約文を自動的に生成できないかと考え、プロジェクトが始まりました。

要約文の作成は、自然言語処理における代表的な課題の一つで、教師あり学習で行います。このケースでは、教師データとして過去の記事本文と要約文があるため、分析自体は順調に進みました。システムの担当者とも会話をし、この精度であれば十分だろうということで、自動要約の機能提供に踏み切りました。

しかし、実際にはほとんど使われることはありませんでした。

この例では、ユーザーはライターさんです。ライターさんは、当然自分の書いた記事に思い入れがあります。そのため、システムの担当者や分析官の想定よりも高い精度を求めており、システムが出力する要約文には満足できないケースが多かったのです。結局、要約文を修正する手間がかか

るので、ライターさんにとってシステムを使うメリットが感じられません
でした。

　事前にライターさんの意見を聞いていれば、要約文をそのまま提示する
のではなく、要約に含めるべきキーワードを示唆するなど、UI（ユーザー
インターフェース）の工夫もできたかもしれません。ユーザーにとって本
当に価値のあるものとなっているのか、ユーザー自身を巻き込んで、確認
することが重要です。

6.3 ▸ 機械学習システムの設計・開発

　それでは、機械学習システムの設計・開発について、具体的に見ていきま
しょう。ここでは、レコメンドシステムを題材として、機械学習システムは
一体どのような構成になっているのか、既存のシステムと比較してどのよう
な違いや課題があるのか、またその課題に対応するために、どういったこと
が必要なのかについてまとめます。

▌レコメンドシステムの例

　機械学習システムの例として、レコメンドシステムを取り上げます。レコ
メンドシステムとは、ウェブページにアクセスしてきたユーザーに対して、
そのユーザーが好む商品を推奨するようなシステムのことです。EC サイト
でよく見かける「あなたにおすすめの商品」をイメージしていただければと
思います。

　さて、レコメンドシステムはどういったモジュールで構成されているで
しょうか。まず思いつくのは、図 6.2 のような構成です。

　ユーザーがウェブサーバーにアクセスすると、ウェブサーバーはレコメン
ドモデルにそのユーザーに関する情報を渡します。レコメンドモデルは、そ

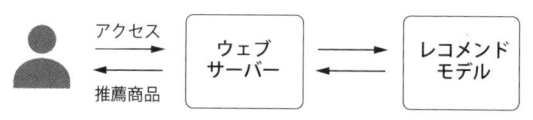

図 **6.2**　最もシンプルなレコメンドの構成図

のユーザー情報をもとに、推奨する商品を決定し、推奨する商品のリストを
ウェブサーバーに返します。ウェブサーバーはリストの見栄えを整えて、画
面に表示させます。

　上記の構成は一見シンプルでとてもよいように思えます。しかし、この構
成ではレコメンドモデルの学習と更新をどのように行うのかについて考慮さ
れていません◆1。モデルの学習は機械学習特有のプロセスなので、慣れてい
ないとついつい忘れがちです。大抵の場合、設計を詰めていく段階で気づく
ので問題ありませんが、ここを意識しておかないと、はじめにざっくりと見
積もる際にシステムの規模を見誤ることになります。学習に関する部分を追
加したものが図 6.3 です。

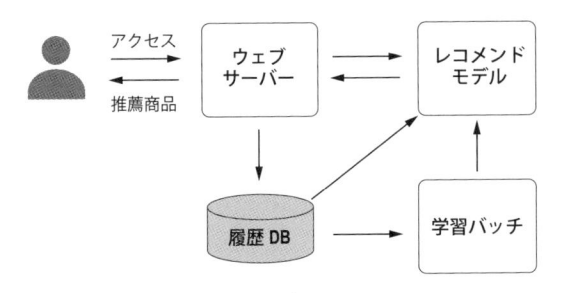

図 6.3　学習用の処理を加えたもの

　この図では、バッチ処理によってモデルを学習することを想定しています。
学習バッチが定期的（たとえば日次）に実行され、本番環境（図中のレコメ
ンドモデル）に定期的にアップロードされます。学習にはデータが必要です
から、ウェブサーバーで必要な履歴データを保存するようにしています。ま
た、学習時に履歴データを説明変数として利用した場合は、推論時にも同じ
形式のデータが必要になるため、データベースからレコメンドモデルへの矢
印も追加しています。レコメンドモデルは、アクセスしたユーザーの履歴を
もとに、推薦する商品をリアルタイムに決定します。

　上の例では、学習をバッチ処理で行い、推論（レコメンド）をリアルタイ

◆1　学習のプロセスは、必ずしもシステム内で行う必要があるわけではありません。システムの挙動が変わ
　　ることを懸念して、システム構築時のモデルを使い続けることもありますし、システムメンテナンスの
　　際にモデルを更新すればよい場合もあります。しかし、いずれにせよ、モデルの学習をどうするのかに
　　ついての考慮が必要であることに変わりはありません。

ム処理で行いましたが、これが唯一の方法ではありません。上述のとおり、一般に機械学習システムには、学習と推論（予測）の二つのフェーズがあります。この二つのフェーズをバッチ処理で行うか、リアルタイム処理で行うか、利用するアルゴリズムやビジネス要件に基づいて決定します（→表6.3）。

表6.3 バッチ処理とリアルタイム処理の使い分け

学習	推論	メリット	デメリット
バッチ	バッチ	●オンラインアルゴリズム以外の多彩なアルゴリズムを利用可能 ●学習・推論ともに十分な時間をかけることができる ●構成をシンプルにできる	●次のバッチが実行されるまでは、出力が一定となる
バッチ	リアルタイム	●オンラインアルゴリズム以外の多彩なアルゴリズムを利用可能 ●学習に十分な時間をかけることができる	●データの前処理が、リアルタイムに実行可能なシンプルなものに限定される ●推論は高速に行える必要がある
リアルタイム	リアルタイム	●データの突然の変化にも追従できる	●実装が複雑になりがち ●オンラインアルゴリズムに限定される

ここで注意したいのは、推論をバッチ処理で行うという選択肢があることです。

この場合、図6.4のように、バッチ処理で学習・推論した結果（誰に何を推奨するか）をDB（データベース）に書き込み、リアルタイムではDBを参

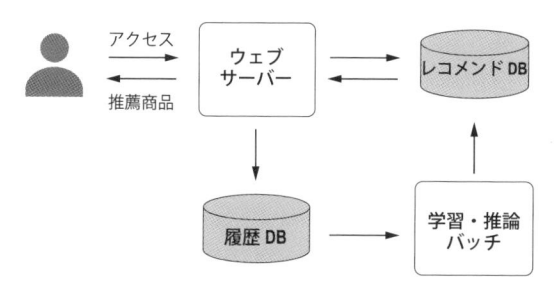

図6.4 バッチ×バッチの構成例

照するだけ、という形で実装するのが一般的です。DB には通常の RDB を使うこともあれば、検索エンジンや KVS（Key Value Store）などの NoSQL データベースを利用することもあります。

　また、アクセスするたびに推奨する商品を変えるには、必ずしもリアルタイムで学習を行う必要があるわけではないことも理解しておきましょう。機械学習モデルを更新する必要があるのは、データの傾向が変わったときであって、推奨する商品を変えたいときではありません。レコメンドの例では、ユーザーがアクセスするたびに、ユーザーの閲覧履歴データが更新されます。たとえば、直近の N 件の閲覧履歴をもとに推奨するようなモデルになっていた場合は、入力データそのものが変わるため、自然と直前に閲覧したものを反映した推奨に変わります。

　学習や推論をリアルタイムで行うのは確かにかっこいいですが、システムは可能な限りシンプルにすべきです。学習や推論をリアルタイムで行おうとすると、どうしても実装が複雑になりがちです。機械学習システムを設計する段階で、学習・推論ともにバッチ処理という最もシンプルな構成も選択肢に入れておくとよいでしょう。

機械学習システムと普通のシステムの違い

　前項では、機械学習システムでは、モデルの学習について考慮する必要がある点に言及しました。それ以外にも、機械学習システムと普通のシステムとでは、以下のような違いがあります。

1. 外部データへの依存と暗黙のフィードバック
2. 挙動が確率的である
3. 実装が複雑になりやすい

1. 外部データへの依存と暗黙のフィードバック

　機械学習システムが普通のシステムと本質的に違うのは、データによって挙動が定義される点です。外部データが変わればモデルの学習結果が変わり、システムの挙動も変わります。そのため、

- データの傾向の変化に合わせて、モデルを更新する必要があること
- 機械学習システム自身がデータに影響を与える可能性があること

に注意しなければいけません。たとえば、アパレル商品のレコメンドシステムにおいて、もし設計の段階で季節性を考慮に入れていなかったら、夏のデータで学習させた機械学習モデルを使い続け、冬に T シャツをレコメンドしてしまうかもしれません。また、機械学習システムが外部データに依存しているということは、システム自身によるデータへの影響も考慮しなければいけないということです。機械学習システムによってデータの傾向が変わり、それがまた機械学習システムの挙動を変えるようなループが発生してしまうためです。たとえばレコメンドでは、

1. ある商品が（偶然）人気になる
2. その商品が推奨されるようになる
3. ますます、その商品が人気になる

というループが発生しがちです。このループにより、気がつくとすべてのユーザーに対して人気商品だけを推奨するような形になっていた、なんてことが起こります。このように、機械学習システム自身の影響で機械学習システムの挙動が変わってしまうことを、「**暗黙のフィードバック**」と呼びます（→図6.5）。よくある制御系のシステムでも、センサーからのフィードバックを受けて挙動を変えますが、こちらは、設計時に明らかになっている、意図的

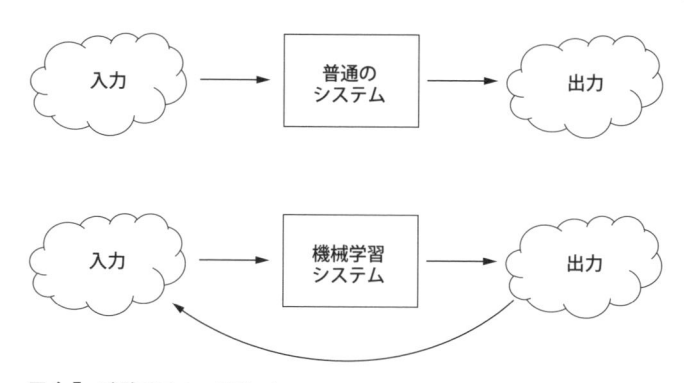

図 **6.5** 暗黙のフィードバック

で明示的なものです。機械学習システムでは、明示的でないフィードバックがあることが多く、注意が必要です。

2.　挙動が確率的である

　機械学習システムの特徴として、挙動が確率的であることもあげられます。たとえば、需要予測を行うシステムでは、「明日、この商品が100件売れる」という断定的な結果は得られず、「明日、この商品が100件（±10件）売れる信頼度が95%以上」というような、曖昧な出力となります。そのため、こういった確率的な挙動でもビジネス要件を満たせるのか、しっかりと確認しておく必要があります。

　また、確率的な挙動のせいで従来どおりのテストができないという問題もあります。決まった入力に対して決まった出力となればよいというわけではないため、何をもって正しく実装できているとするかが曖昧になってしまいますし、テストケースの洗い出しも難しくなります。

失敗事例 No.11 ▶ テストケースを列挙できない

　　写真アプリの「Googleフォト」には、画像に何が写っているかを自動的に判別し、タグを付与する機能があります。2015年、Googleフォトが、黒人の写っている写真に誤って「ゴリラ」というタグをつけてしまったことがTwitterに流れ、問題となりました。Googleの担当者はすぐさま反応し、まずは「ゴリラ」のタグをなくすことと、長期的に修正に取り組んでいくことを約束しました[6-1]。

　　事前にチェックしておけばよいと思われるかもしれませんが、機械学習システムは、人間の想像とは違った間違いを犯すことがあります。そのため、その可能性をすべて網羅的に調べることは不可能です。

3.　実装が複雑になりやすい

　これは、少し実務的な話かもしれません。機械学習システムでは、システム構築を開始する前に、分析官がPoCを実施します。PoCでは、ビジネス

要件を満たすのに必要な精度を担保できるか、繰り返し実験を行います。そのため、

- 実験的でアドホック（その場限り）なコードが増えがち
- 説明変数を必要以上に増やしたり、さまざまな前処理を施すことで、コードが複雑になりがち

という傾向があります。どちらも開発者の視点からは避けたいものですが、PoC では精度の向上に意識が向かいやすいのが実情です。

機械学習システムの設計・開発で気をつけるポイント

以上を踏まえ、機械学習システムを設計・開発する際のポイントをまとめてみましょう。

要件を明確にする

要件定義が重要なのは、普通のシステム開発でも同じです。ただし、機械学習システムの場合は、PoC の前の段階でも要件定義を行っているため「すでにやった」と思い込んでしまうことがあるようです。繰り返しになりますが、PoC によって課題が明らかになったり、モデルでどの程度のことができるようになるのかが明らかになるので、PoC の前の段階では細かい仕様を詰めきれないことが多々あります。そのため、PoC の結果を踏まえて、どのようにデータを活用するのか、システムにするのかしないのか、システムにするのであればどのようなシステムにするのか、といったことを具体的に議論して詰めておく必要があります。

モデルの更新方法を考える

少し細かい話になりますが、モデルの更新には 2 種類あります。

- 日々のバッチやリアルタイム処理によるモデルの自動更新
- アルゴリズムや説明変数の変更を含む大規模なモデルの更新

日々のモデルの更新では、利用するアルゴリズムは固定しておいて、パラ

メータの調整のみを行います。前述のレコメンドシステムの構成図に出てきた学習モジュールは、こちらのタイプです。しかし、実際に運用を続けていくと、パラメータの調整のみでは対応できないような状況や、アルゴリズム自体を変えたくなるような状況が発生します。データの傾向が大きく変わってしまった場合などです。後者のタイプに対応します。こういった状況に対応するには、まず、データの傾向が変わっていることに気がつかなければいけません。また、新しく構築したアルゴリズムのほうがよいことを確認する必要もあります。そして、当然モデルを更新できる作りとなっている必要があります。そのため、システム設計の際に

- 分析環境が準備されていること
- モデルの比較・検討ができること
- モデルのデプロイが簡単であること

の3点を意識しておく必要があります。

　分析環境が準備されていることで、さまざまな異常に気づくことができます。分析環境からは、本番のデータにアクセスできる必要があります。また、モデルの比較・検討ができることも重要です。そのためには、モデルの評価方法を明確にしておく必要があります。前章でも見たようにモデルの評価方法にはオフライン評価（→図6.6）とオンライン評価（→図6.7）の2種類が

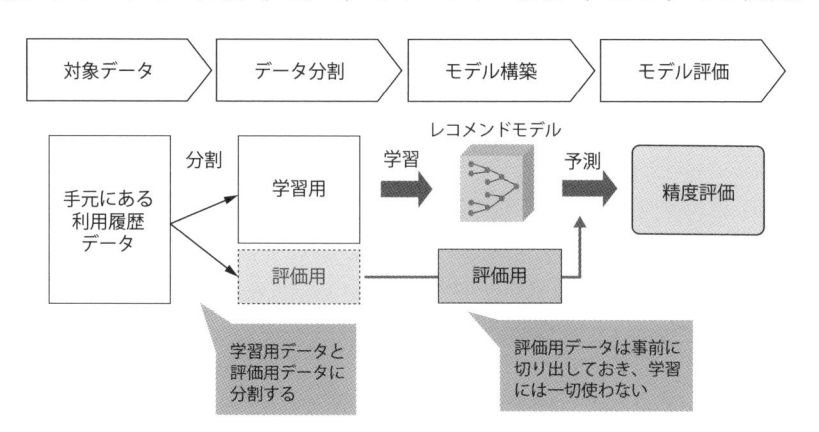

図 6.6　オフライン評価（過去のデータを使ってモデルを評価する）

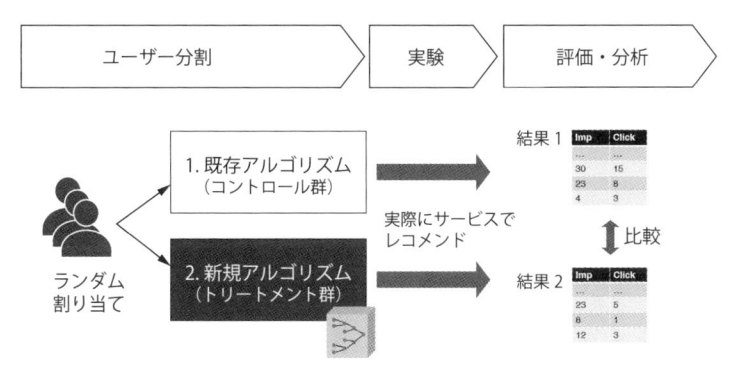

図 6.7 オンライン評価（実システム上でモデルを評価する）

ありますが、事前にオフライン評価で精度を確認しておいて、必要に応じて
オンライン評価を行うのが一般的です。

モデルのデプロイについては、

- 適度な粒度でモジュール化しておき、モデル固有な部分とそれ以外の部分
  を疎結合にしておくこと
- 機械学習モデルとデータの前処理を一組にして、バージョン管理できるよ
  うにしておくこと

がポイントです。バージョン管理の対象にモデル自体だけでなく、前処理も
含まれていることに注意してください。モデルに応じて前処理の方法が変わ
ることがあるため、前処理を管理対象としていないと、モデルを入れ替える
ことができません。

暗黙のフィードバックを可能な限り排除する

上述のとおり、暗黙のフィードバックによって、機械学習システム自体が、
機械学習システムの挙動に影響を与えます。この影響は、システムが稼働し
て初めてデータとして蓄積されるので、PoC の段階では考慮することがで
きません。

たとえばレコメンドの場合、そもそもユーザーの行動を変えるために機械
学習システムを導入しているので、暗黙のフィードバックを完全になくすこと

ができません。しかし、レコメンドの例では、表示されるページや場所によって別のアルゴリズムを使う、ルールベースのものを導入する、といった工夫によって、できるだけ影響を緩和するような施策がとられることがあります。

システムをシンプルに保つ

PoCの段階では、分析官は基本的に精度を上げようと努めます。機械学習モデルの精度を上げるには、可能な限り多くの変数を使って、さまざまな前処理をしたほうが有利になります。一方でシステムのことを考えると、使う変数が増えれば増えるほど、データへの依存が増してしまいますし、複雑なコードでは、メンテナンスしづらくなってしまいます。前述のとおり、機械学習システムの挙動は、コードとデータ両方に基づいて決まります。普通のシステムでは、コードをモジュール化して疎結合にして、各モジュールの依存関係がシンプルになるように設計しますが、機械学習システムにおいては、コードだけではなくデータについても依存関係を考慮して設計しなければいけません。また、システム化に際しては、必ずしもPoCで構築したアルゴリズムそのものを使う必要があるわけではない点にも注意してください。複雑な前処理や変数を減らしたモデルでも、ビジネス要件を満たすだけの精度が出ているのであれば問題ないはずです。システム設計・開発にエンジニアだけが取り組むのではなく、分析官と一緒になって取り組むことで、このあたりの調整がずっと楽になります。

人手の入る余地を残しておく

最後のポイントとしてあげたいのは、人手の入る余地を残しておくことです。機械学習システムは、挙動を完全にコントロールすることは不可能です。そのため、実システムで利用する場合は、必ず人手の入る余地を残しておくことが大事です。2015年のGoogleフォトのケースでは、グーグルはゴリラを含む複数の霊長類のラベルを削除しました。身近なところでは、多くのECサイトで、機械学習モデルとは別にアダルト関連の商品はレコメンドに出さないなどといったルールを追加しています。配送の最適化システムでは、需要の予測値に基づいて、どの車がどのルートで回ると効率的かを算出しま

すが、需要の予測値を人手で調整できるようにしておくことで、急な需要の変化にも対応できる柔軟なシステムとなります。すべてを機械学習に任せるのではなく、機械学習の特性を把握して、上手に付き合っていくことが重要です。

---

column　オンプレミスとクラウド

　機械学習システムを運用する基盤はオンプレミス（自社内管理）がよいのか、クラウドがよいのか、という問い合わせを受けることがありますが、オンプレ・クラウドそれぞれのメリット・デメリットがあるため、一概にどちらのほうがよいということは言えません。

　基本的には、初期投資や開発の自由度など、機械学習を含まない普通のシステムとほぼ同じ観点で環境を選定すれば問題ありませんが、システムが運用に乗った際のデータの流れを意識するとよいでしょう。すでに蓄積しているデータを利用するのか、あらたに蓄積し始めるのか、そのデータはオンプレミスとクラウドのどちらにあるのかが、機械学習システムの動作環境の選定において重要になります。往々にして、取り扱うデータ量は増加していきます。そのデータを移動させるコストを考えると、データを分析できる環境をデータの近くに構築しておくメリットが大きくなります。

6

ビジネス適用

失敗事例 No.12 ▶ エンジニア視点と分析官視点

　一言に PM（プロジェクトマネージャー）といっても、分析寄りの方やエンジニア寄りの方など、スキルセットにはばらつきがあります。

　とあるプロジェクトでは、分析経験のないエンジニア出身の PM が、プロジェクト全体を見ることとなりました。これまでの経験どおりに、普通に要件定義をして、普通にスケジュールを引きます。PoC で構築した機械学習モデルを「ブラックボックスの関数」として扱ってアーキテクチャを設計しました。

　開発も順調に進み、テストも無事に終わり、納品までたどり着きました。

　しかし、実際にシステムを可動させてみると、想定していた精度が出て

いないことがわかりました。精度は PoC でしっかりと確認していたのに
……。

　前述のとおり、PoC でビジネス適用に必要なすべての項目を検証でき
るわけではありません。しかし、長年受託開発をやっていた方が PM をす
るようなケースでは、PoC の結果をしっかりと理解せずに開発を進めよ
うとしてしまうようなことがあります。逆に、分析寄りの方が PM を担当
している場合は、システムの品質管理の観点が抜けてしまうようなことが
あります。

　こういったことを避けるためにも、しっかりとチーム体制を見極める必
要があります。PM は、分析もシステム開発も両方理解できるほうが望ま
しいですが、現実問題として、そんな人はほとんどいないのが現状です。
そういった優秀な人材を確保できない場合は、深い専門性はなくとも、分
析官とエンジニア双方と対話ができる人を、糊付け役としてアサインする
ことで、解決を図ることも多くあります。

6.4 ▸ 機械学習システムの運用と保守

　前節では、機械学習システムの設計・開発について取り上げました。しか
し、機械学習システムは開発したらそれで終わりではありません。6.1 節で
述べたとおり、機械学習システムはデータに依存して挙動が変わります。そ
してデータは時々刻々と更新され続けます。そのため、開発が完了したら基
本的に挙動の変わらない普通のシステム以上に、運用・保守が大事になりま
す。そこで本節では、機械学習システムの運用と保守について取り上げます。

▌機械学習システムの運用と保守

　それでは、機械学習システムの運用・保守にあたって、具体的にどういっ
た点に注意したらよいのでしょうか。ここでは、「管理対象」と「確率的な
挙動」という二つの観点で整理してみます。

コードとモデルとデータ
　現在、一般的なシステムの開発現場では、Git などを使ってコードのバー

ジョン管理していることが多くなっています。システムの挙動はコードによって規定されるため、コードをしっかりと管理することがとても重要なためです。一方で機械学習システムの場合は、コードに加えてデータやモデルに依存して挙動が変わります。そのため、データやモデルの管理が、コードの管理と同様に重要になります。

モデルの管理

　前述のとおり、データの傾向が変化しているにもかかわらずモデルが更新されないと、精度の低下を招きます。そのため、モデルは適宜更新される必要があります。そこで、モデル（コードとパラメータ）のバージョン管理が必要になります。

　モデルのバージョン管理の方法は、システムによってまちまちです。図 6.2 のようなシンプルな構成であれば、Git LFS などを利用して、他のコードと一緒に管理してもよいかもしれません。しかし、バッチによる学習や A/B テストによるオンライン評価などを考えるのであれば、モデル（パラメータ）はコードとは別口で管理したほうがよいでしょう。

データの管理

　繰り返しになりますが、機械学習システムは本質的にデータに依存しており、データが変化すると、システムの挙動も変わります。データが変化する例としては、以下のようなものがあげられます。

- **季節やトレンドなどの変化**
  - （例 1）夏には T シャツがよく売れるが、冬には売れない
  - （例 2）バレンタインデーにチョコがよく売れる

- **外部システムの変更・修正によるもの**
  - （例 1）利用している API の仕様が変わり、取得できる情報が増減した
  - （例 2）自社のウェブサイトを更新したため、ユーザーの行動パターンが変わった

● 人手によるデータ入力

　（例 1）入力を間違えた

　（例 2）担当者が変わったため、データ入力の癖が変わった

　上記以外にも、データが変わってしまう要因は無数にあります。上記の例はどれも、普通のシステムであれば問題にならないか、問題となっても一時的なもので済むことが多いものです。しかし、機械学習システムの場合はそう簡単ではありません。機械学習システムは過去データを使って学習しているからです。たとえば、直近 1 か月の行動履歴をもとにお菓子をレコメンドするようなシステムでは、バレンタインデー付近のデータを適切に取り扱わないと、ホワイトデーまでの間ずっとチョコがレコメンドされてしまうことになりかねません。外部システムの変更・修正はさらに厄介です。外部システムの変更により、データの性質が変わっても、機械学習システムは、自動的にそのデータに最適化しようとします。そのため、結果だけを見ても、入力データがおかしいかどうか判断できないこともあります。このように、機械学習システムでは、現在の機械学習モデルでどのデータを利用することができて、どのデータはできないかを考慮し、慎重に管理する必要があります。

挙動の把握しづらさ

　前述のとおり、機械学習システムの挙動はどうしても確率的となりますが、これが運用上の問題となってしまうケースが多くあります。たとえばレコメンドでは、全体としては精度が高いにもかかわらず、特定の個人やセグメントに注目してみると異様に精度が低い、ということがよく起こります。こういった問題を排除するには、事前にすべてのパターンを見て確認できればよいのですが、現実的ではありません。かと言ってほかに代替手段があるかというと、難しいところです。機械学習の結果は確率的なものなので、精度指標は平均値などの統計量とならざるを得ません。個々のケースでどのような振る舞いになっているかまではいっさいわからないのです。先の Google フォトの例のように、システムが意図しない挙動をしていることにもなかなか気づけません。

　精度だけではなく、処理時間が確率的になってしまう場合もあります。た
とえば、機械学習ではありませんが、数理計画法と呼ばれる手法を使って、
組み合わせ最適化問題と呼ばれる問題を解くことがあります。機械学習と組
み合わせて利用することで、バイトのシフト最適化や商品の配送計画の最適
化などに応用されています。しかし数理計画法による最適化にかかる処理時
間はデータに大きく依存します。そして、その処理時間は、実際にデータを
投入してみるまで検討がつきません。ほとんどのケースでは想定した時間内
に結果が返ってくるにもかかわらず、特定の条件が重なると、非常に長時間
の計算が必要になることがあります。機械学習同様、すべてのパターンを試
すことはできないので、その条件がレアケースである場合は、システムテス
トをすり抜けてしまう可能性があります。

運用で失敗しないために

　それでは、こういった課題に直面しないようにするために、どうしていけ
ばよいでしょうか。実は、機械学習システムの運用・保守について具体的な
方法論が確立されているわけではありませんが、いくつか注意しなければい
けないことを紹介します。

監視の仕組みを用意する

　データの変化にせよ、確率的な挙動によるものにせよ、まずは異常に気づ
く必要があります。そして、そのためには適切な項目を監視できる仕組みを
整えておくことが重要です。ここで監視すべき項目としては、以下のような
ものがあげられます。

- モデルの精度
- 入力データ
- 処理時間

　前述のとおり、モデルの精度の評価方法には2種類あります。オフライン
評価とオンライン評価です。オフライン評価は過去データを用いればよいの
で手軽な一方、オンライン評価では最終的に確認したい指標そのものを見る

ことができるため、オンライン評価が可能な場合はオンライン評価の指標も監視します。たとえば、レコメンドシステムの場合は、クリック率や購買確率を指標とします。不良品検知システムの場合は、不良品の検知率などを指標とします。しかし多くの場合、不良品の検知率を知るには、最終的に人（もしくは他のシステム）が良品・不良品の確認をする必要がある点にも注意してください。監視が不可欠という観点からも、「人の作業をすべて機械学習で置き換える」という発想はとても危険です。

　システムの挙動がデータに依存しているので、入力データの監視もとても重要です。また、機械学習システムは、入力データが多少おかしくても、そのデータに合わせて挙動を変え、ある程度の精度を担保しようとすることがあります。そのため、モデルの出力結果だけを見ていると、入力データの変化を見落とすことになりかねません。しかし、入力データをどう監視するかは実は難しい問題です。変数の型や値の範囲のチェックであれば簡単ですが、データの傾向の変化といった定義の曖昧なものについては、なかなか捉えることが難しく、結局モデルの精度指標が悪化して初めて、入力データの変化に気づくことも多いです。また、データやモデルのバージョンによって処理時間が変わってしまうような手法を用いている場合は、処理時間についても監視しておく必要があります。

本番環境とは別に分析環境を用意する

　監視によって異常に気づくことができたとしても、対処できなければ意味がありません。そのためには、本番環境のデータ（もしくは直近の DB をダンプしたデータ）にアクセスできる分析環境が必要です。分析環境では、PoC と同じくさまざまな実験を繰り返すので、本番環境とは独立な環境とする必要があります。

　異常に気づいたときだけ分析するのであれば、しっかりとした分析環境は不要かもしれません。しかし、分析は異常時のみに行うものではありません。そもそもさまざまな軸で分析しなければ気づけないような異常もありますし、第3章でお伝えしたとおり、分析プロジェクトでは、分析のサイクルを回し続ける必要があります。それは、システムの運用・保守が始まってから

も例外ではありません。むしろ、生きたデータは運用が始まってから貯まるものです。常に本番環境のデータにアクセスして実験できる環境は、分析プロジェクトでは必須になります。

分析を含めた運用のチーム体制を整える

分析のサイクルは回し続ける必要があるにもかかわらず、PoC のフェーズでは分析官が主体となって動き、システム構築以降はエンジニアが主体となって動くことが多いです。しかし、前述のとおり、システムが運用に乗ってからも分析は必要ですし、PoC の段階にエンジニアの視点を入れることで、システム化に向けてプロジェクトをスムーズに進めることもできます。分析プロジェクト全体を通して、分析官とエンジニアの両者とも必要であると認識することが重要です。

異常時の対応を明確にしておく

前述のとおり、機械学習システムの挙動を完全に把握するのは不可能です。Google フォトの例のように、全パターンを調査しないと発見できないような異常に直面することもありますし、最適化システムのように、処理時間を見積もることができないようなこともあります。

そういった状況に対処できるようにしておくためにも、「想定できる異常」については、対応のフローを明確にしておくこと、「想定外の異常」に対応できるように、設計の際に人手の入る余地を残しておくことで、柔軟な対応ができるようにしておくことが大事です。

6.5 ▸ 機械学習システムの動向と今後

本章では、データ分析のビジネス適用、とくに機械学習システムの設計から運用について紹介しました。近年では、ビッグデータブーム、データサイエンティストブーム、あるいは AI（人工知能）ブームに伴い、日本でも機械学習を業務で利用しようという動きが出てきています。しかし、機械学習の具体的な手法と比べて、いかにシステムに組み込むか、運用するかといっ

た点については、まだまだ研究が始まったばかりというのが現状です。これは、日本に限ったことではなく、海外でも同じ状況のようです。

　本章で紹介した話も、著者が業務のなかで体験したことが中心にまとめたもので、決して体系化されたものとは言えません。本章の締めくくりとして、機械学習のシステム化に関する最近の動向をいくつか紹介します。

機械学習工学

　機械学習工学は、従来のシステムに対するソフトウェア工学と同じ役割を担うような学術分野です。従来のシステムと違って、機械学習システムはデータによって挙動が決まります。「機械学習工学に向けて」と題された論文（丸山宏、日本ソフトウェア科学会）では、入出力データを例示することでプログラミングすることを帰納的プログラミングと呼び、従来のプログラミングとの相違点や開発・テスト・運用方法が確立されていない点を指摘しています[6-2]。

　また、2018 年 4 月には日本ソフトウェア科学会の分科会として機械学習工学研究会が発足し、ソフトウェア工学研究者と機械学習の研究者、現場のエンジニアなどを交えた活動を開始しています。

MLOps

　ソフトウェア開発には、DevOps という言葉があります。DevOps とは、開発担当者（Developer）と運用担当者（Operator）を組み合わせた造語で、開発担当者と運用担当者が連携して協力する開発手法のことです。このDevOps と機械学習を組み合わせた MLOps（Machine Learning + DevOps）を広めていこうという活動が、2016 年 10 月頃から進められています。

ML Systems Workshop

　機械学習系の国際会議に相乗りする形で、システム系のワークショップが開催されることが増えてきています。NIPS 2013 における Software Engineering for Machine Learning に始まり、ICML や NIPS 2016、2017 で ML

Systems Workshop が開催され、非常に人気となっています。

このように、機械学習アルゴリズムをいかにシステムに組み込むか、いかに実業務の現場で利用するかという研究にようやく注目が集まりつつあります。機械学習分野は他の分野と比べ営利企業の研究者が活躍している傾向があるため、こういった実用方面の研究も加速的に発展する可能性がありますが、まだまだ方法論に乏しいのが現状です。この分野の発展を歓迎しつつも、まずはシステムを構築・運用を通じて地道にノウハウを蓄積していくのがよいのではないかと思います。

6.6 ▸ 本章のまとめ

本章では、PoC の結果得られた知見を、いかに実業務で活用するかについて、主に機械学習システムの観点から見てきました。ポイントをまとめておきます。

【データを実業務で活用する（6.1 節）】
- PoC とビジネス適用の違いを理解する。
- 実地試験の重要性を理解する。

【使ってもらえるシステムをつくる（6.2 節）】
- ユーザーと一緒に取り組む。

【機械学習システムの設計・開発（6.3 節）】
- 可能な限り実装をシンプルに保つ。
- 外部データへの依存と暗黙のフィードバックに注意する。
- 人手の入る余地を残しておく。

【機械学習システムの運用と保守（6.4 節）】
- コードに加えてモデルとデータを管理する。
- 監視の仕組みを用意する。
- 本番環境とは別に分析環境を用意する。

　本章の内容がうまく実践できたとしたら、その会社では何らかの成果が出ていることでしょう。その成果を持続させるため、あらたなプロジェクトを立ち上げたり、データ分析の専門部署を立ち上げたりすることを検討すべきかもしれません。次の第7章では、全社にデータ分析の取り組みを広める方法について見ていきます。

Chapter

7

データ活用をする組織をつくる

　これまで、データ分析プロジェクトについて概要を説明し（第1〜3章）、各段階の詳細での注意点について順を追って見てきました（第4〜6章）。本章では、一つのプロジェクトで成果を上げた後も他の取り組みに広がるよう、組織としてデータ分析を進めていく方法について、おおまかに見ていきます。

　前章で見たように、プロジェクトの成果をビジネス適用した後は運用フェーズに入ります。これは、特定の部署で実装したプログラムやシステムの保守に人員を割り振るなど、成果の定着と継続的な改善を行っていくフェーズです。ただし、現在は AI（によるデータ活用）でのビジネス変革への関心が高まり、多くの部門を巻き込んだ全社での取り組みへの拡大を目指すことも少なくありません。このように、一つのプロジェクトの成果を定着させるだけでなくデータ活用を組織的に進めていくときには、どのような点に注意すべきでしょうか。

　この章では、大きく三つのパートに分けて考えます。まず、データ活用の促進を担う人材について検討します（7.1節）。次に、その人材を含む部門の形態について触れ（7.2節）、最後にデータ活用を会社全体に広げるための段階の踏み方と注意点について考えます（7.3節）。

　本章の内容には、当然、一般的な人材育成や組織論に共通する部分もあります。若手の育成や専門的スキルをもった人材の採用や評価、新設部門の定着や、企業文化の変革といったことです。とはいえ、これらについては人材育成や組織論の専門家による書籍が多数ありますので、概観を示すにとどめます。ここでは、データ分析に特有のポイントに焦点を当てて述べることにします。

　データ分析の特色としては、次の点があげられます。

- 人材について：データサイエンス領域に明るい人材が必要となる
- 部門について：担当業務の範囲として、プロジェクトのなかでデータ収集プロセスに深く関わる部分を受け持つ

本章では、こうした特色を踏まえた、組織づくりのアイデアを論じます。

　また、データ活用を組織に浸透させるためには、段階的な取り組みが必要です。変革のプロセスのモデルをもとに、各段階での注意点や考え方を紹介していきます。

7.1 ▸ データ活用のための人材を揃える

必要な人材の構成について

まず、データ活用の促進に必要な人材の構成について見ていきます。自社に組織をつくっていく場合には、まずは必要最小限の組織から始め、企業内でのデータ活用の広がりに応じて規模を拡大していくことが重要です。そうした柔軟な対応のためには、データ分析プロジェクトに関わるさまざまな役割のなかでどこに注力すべきかを見極める必要があります。

というのも、本書で何度か触れたように、現在の人材市場では需要が高いためにデータサイエンティストなどを獲得できる機会が少なく、要件に応じてすべての人材を揃えることが難しいからです。人材確保については、ブレインパッドでも非常に苦労している状況であり、それゆえ、ある程度の必要要件を備えた人材を確保して、社内での育成に乗り出すなど試行錯誤を進めているのが実情です。

データ分析プロジェクトでは、これまで第3章以降で見てきたようにフェーズごとに必要な人材が異なります。フェーズは大きく分けて、「プロジェクトの立ち上げ（要件定義）」、「PoC（初期分析）」、「ビジネス適用（システム

7 データ活用をする組織をつくる

表7.1 プロジェクトのフェーズごとに必要な人材

	プロジェクト立ち上げ （要件定義）	PoC （初期分析）	ビジネス適用 （システム化）
主な人材 ※一例	● プロジェクトオーナー ● プロジェクトマネージャー ● ビジネスサイド担当者（企画者） ● 分析官（データサイエンティスト） ● 機械学習エンジニア ● データエンジニア	● プロジェクトマネージャー ● 分析官（データサイエンティスト） ● 機械学習エンジニア ● データエンジニア	● プロジェクトオーナー ● プロジェクトマネージャー ● ビジネスサイド担当者（企画者） ● 分析官（データサイエンティスト） ● 機械学習エンジニア ● 開発エンジニア
その他の 関係者	● 専門スキル人材（法務など）		

化）」があり、それぞれのフェーズに関わる人材としては「プロジェクトオーナー」、「プロジェクトマネージャー」、「ビジネスサイド担当者（企画者）」、「分析官（データサイエンティスト）」、「機械学習エンジニア」、「データエンジニア」、「開発エンジニア」などがいます。また、当然ですが各フェーズでは法務など専門スキルをもった人材が一時的に関わることがあります（→表7.1）。

人員構成を考える一つの軸として、自社で備える機能と社外リソースで賄う機能の区分があります。

自社が備える機能を最小限にとどめるケースでは、プロジェクトの専任担当は、外部パートナーとの窓口となる人材のみで構成されます。具体的には、

- 窓口となる（企業側の）プロジェクトマネージャー
- データエンジニア、もしくは社内のエンジニアと連絡をするビジネスサイド担当者

といった構成になります。このケースでは、同じ部門でプロジェクトが続くならば、その部門のなかに担当者をおく形でも十分プロジェクトとして成立します。別の選択肢として、部門を横断したチームをつくることがあげられます。どちらにするかは、今後の発展に関する展望や、人事管理等のビジネス上の観点から判断することになります。

もう少し範囲を拡大するケースでは、一部の作業を担当する専門的な技術者を社内にもつことになります。すぐに頭に浮かぶ職種は、データサイエンティスト（分析官）でしょう。また、分析官とともにデータ管理を行うデータエンジニア、モデル実装を行う機械学習エンジニアも揃えるべきかもしれません。これらの専門的な技術者をもつ人材以外にも、プロジェクトの大規模化や、システム運用も担当するかどうかなどにより、それに付随するビジネスサイドで必要な職種の人材も出てきます。

現在は、「AI推進部門」を立ち上げる企業も増えてきて、2017年4月の日経ビッグデータ誌の記事[7-1]では、大手上場企業の14社が一斉に部門新設に動いたことを伝えています。これ以後も、AI・データ分析関連の推進部門や研究部門の立ち上げに関するIR（投資家向けのプレスリリース）等が頻繁に報じられています。筆者の推測では、国内の上場企業だけでも100

社以上が専門部署を立ち上げているのではないかと見ています。

　立ち上げ部署の規模としては、まずは10名弱程度のチームを立ち上げて、その半数以上をデータサイエンティストが占めるようなケースがよく見受けられます。ただし、自動運転などデータ活用が進む産業ではより大型の投資も目立ち、たとえばトヨタ自動車では米国に100億円以上の投資をして専門子会社をつくり、1,000名以上の人員を集める勢いです[7-2]。他の自動車会社も、同様の動きを見せています。

　これらの動きを見ると、ますますデータサイエンティストに対する需要は高まることが予想されます。人材も増えてきているとはいえ、人材確保はさらに厳しくなるでしょう。

┃ データサイエンティストの育成

　ここまで、担当部署を立ち上げるにあたり、必要となる人材の構成について考えました。では、その人材に必要とされるスキルはどんなものでしょうか。一般的なエンジニアやプロジェクトマネージャーの育成については、すでに多くの書籍で解説されています。したがって本章では、データサイエンティスト（分析官）の育成に絞って話を進めていきます。ただし、後述しますが、データサイエンティストが備えるべきとされるスキルセットには、プロジェクト管理に通じるビジネススキル、エンジニアに通じるエンジニアリングスキルも含まれています。そこで、データ分析の現場で求められるスキルの特徴については、一般的なプロジェクト管理やエンジニアリングのスキル要件の範囲も説明します。

　大阪ガスの河本薫氏◆1 は、データサイエンティストに求められるスキルセットとして、ビジネス課題を「見つける力」、分析問題を「解く力」、分析結果を「使わせる力」の三つをあげています[7-3], [7-4]。

- ビジネス課題を「見つける力」：ビジネスの現場で、不明確な潜在的な課題を、現場へのヒアリングなどのコミュニケーションも駆使して見つけ出していく力

◆1　2018年4月より滋賀大学教授。

- 分析問題を「解く力」：顕在化した課題に対して、データ分析の手法を用いて解決策を明らかにしていく力
- 分析結果を「使わせる力」：実際のビジネス現場に解決策を展開し、PDCAを回して成果を出していく力

　データサイエンティストというと「解く力」を中心とした技術的な話に目がいきがちですが、とくに長い歴史をもつ企業であれば目の前に問題が落ちているようなことは少なく、まずは「見つける力」が重要になってきます。さらに、高度な分析手法や結果を出しても、仕組み化などで企業の利益につなげなければ意味がありません。

　業界によっても欲しい人材は異なります。データ活用の進む自動車業界や大手ネット企業などは、エンジニアタイプの「使わせる力」寄りの人材を求めている一方、古くからある産業の国内企業などはフロント寄りでデータ活用をコントロールできる「見つける力」を重視している傾向があります。自分の会社にとって重要なスキルについても注意が必要でしょう。

　一方、「解く力」を中心としたスキルについての詳細は、データサイエンティスト協会が公表しているスキル標準（執筆時点では Ver. 2 が最新）が参考になります（→**図** 7.1）[7-5]。この資料によれば、スキルは大きく「ビジネス力」、「データサイエンス力」、「データエンジニアリング力」の三つのカテゴリー

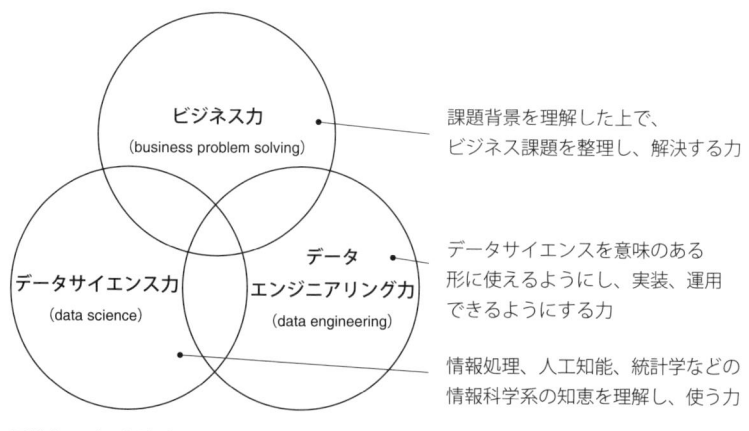

図 7.1　データサイエンティストの三つのスキルセット
（「データサイエンティスト協会プレスリリース（2014. 12. 10）」より[7-6]）

に分けられ、さらに細かく 457 個（執筆時点）の項目により構成されています。

　このスキル水準では、ビジネス力としては「論理的思考」や「プロジェクトプロセス」、「事業への実装」といった通常の企画職のスキルに加えて、「データの理解」などが含まれています。また、データエンジニアリング力には「環境構築」や「データ加工」、「プログラミング」、「IT セキュリティ」などインフラのエンジニアと近いスキルが含まれています。一方で、データサイエンス力は従来の職種とは異なっており、カバーする範囲も統計学や機械学習、深層学習に関連する内容が多く含まれています。このため自社にデータサイエンティストを参加させる場合には、とくに従来の職種での育成経験が通用しづらいデータサイエンス力の領域のスキル開発を継続的に支援する必要があります。

　データサイエンスに関する基礎的な能力そのものは、個々人での開発が可能です。たとえば、多変量解析手法や SQL などの技術を講習や書籍で自習することもできますし、分析プロセスを意識したワークショップなどの研修を受講することもできます。ただし、どの領域のスキルを開発していくかは、自社に必要なものを見極めて計画することが必要になってきます。たとえば、第 2 章で述べたように現在深層学習（ディープラーニング）が流行っています。しかし、だからといって深層学習の実装スキルを高めても、自社で得られるデータや、データ活用の状況・戦略によっては使いどころがないかもしれません。データ活用の戦略については、担当組織とも深く関わるため、次節で述べます。

　また、常に情報が更新されている分野だけに、技術や手法の動向を把握しながらスキルを磨いていくことも求められます。現在では、本書もその一冊ですが、多岐の分野にわたる関連書籍が発行されており、オンライン学習のサイトやオープンな勉強会などのコミュニティ活動も活発です。以前から、「R 勉強会 @ 東京」（通称：Tokyo.R）など、主に技術的なトレンドを扱う勉強会が盛んでしたが、近年それに加えさまざまなテーマでの勉強会が登場しています。たとえば、「Data Analyst Meetup Tokyo」は、事業会社のデータサイエンティストらが開催する事例勉強会です。あるいは、公益機関や

NPO のデータを使ったハッカソンもよく開催されるようになり、実際の分析経験を積む機会となっています。また、機械学習エンジニア向けものに目を移せば、深層学習に特化したカンファレンスや資格試験の提供などを行う「日本ディープラーニング協会」が設立されています。以前からあったCoursera で提供されるスタンフォード大学のオンラインコースなど、実績のある教育機関が提供するオンライン教材に加え、gacco で提供される総務省の社会人向けコースや、東京大学の松尾研究室が提供するエンジニア向けの「Deep Learning 基礎講座」[7-8] など、国内の提供者も増え、さまざまなスキルを想定したコースが充実してきました。筆者のまわりでは、こうした機会を通して、個人の努力で技術力や経験値の面でキャッチアップしている人も多くなっています。

　会社としては、個人の学習を手助けするような補助制度（たとえば書籍購入の補助や、講習参加費用の支給など）を用意するといった対応が可能です。ただし、能力開発の成果は本人の学習意欲の高さに依存するので、配属させる人材についてもデータサイエンス領域に関心があるか、学習意欲が高いかなどは事前にチェックしたほうがよいでしょう。たとえば、メンバーを公募し、自ら応募してきた社員から選抜するといったことが考えられます。あるいは、経費や報告等の使用状況から、外部のセミナーへ積極的に参加しているかなどを見ることもできます。また、GitHub の登録状況などを公開してもらい、プライベートで開発などを行っているかどうかを見るのも、採用時を含めて有効な手段です。これらと、日々の目標管理や上長の評価といった通常の選定方法を組み合わせることで、人選の精度が高くなるのではないでしょうか。

　また、組織的に学習意欲を高める取り組みとして、社内の勉強会を推奨して学び続ける雰囲気を盛り上げるなどの施策も考えられます。そのほか、社内でチームをつくり、Kaggle をはじめとする大型のコンペ・大会へ参加する例もよく見られます。ブレインパッドでも、書籍の購入補助などの福利厚生が整備されているほか、人材採用への貢献も期待してのことですが、社外のメンバーも参加する勉強会等のイベント開催への補助、コンペ等へ参加する場合のサーバー環境の貸与等の支援を行っています。

　将来への動向についても少し触れます。最初に触れたデータサイエンティスト協会が発行するスキル標準は、2015 年に Ver. 1 が公開されたのち、必要項目が見直されて 2017 年に Ver. 2 が出ています。時代の流れとともに、機械学習や深層学習に関するスキルやビジネス上必要な知識（知財関連など）が増えたほか、システム実装についても踏み込んだ内容になりました。このように、市場でのデータ活用が広さと深さの両面で拡大するにつれて、要求されるスキルも変わってきています。

　データ活用のビジネスへの影響力は大きくなってきており、自然と「ビジネス力」としてより広い視点での課題解決能力が要求されるようになっています。この傾向が続くことを考えると、データサイエンティストはさらに経営に深く関わってくることが予想されます。昨今注目されている、イノベーションを起こすためのデザイン思考なども今後は求められるでしょう。技術面だけでなく、ビジネス面のスキルについても、継続的な更新を組織的にフォローしていくことが大切となってくるでしょう。

▌人材採用について

　視点を変えて、人材の採用面で考えてみましょう。まだ職種として確立してからの日が浅いこともあり、経験豊富なデータサインエンティストを社外から採用するのは簡単ではありません。採用に関しても、エンジニア採用のノウハウなどを活用して自社の技術発表と絡めて社員との交流イベントを開催するなど、さまざまな努力が試みられています。そうした厳しい採用競争を勝ち抜ける企業は数えるほどしかありません。また、統計学を大学院などで専門的に学習した人材を新卒で採用する場合についても、日本ではまだ学生数が少なく、獲得競争が激しい現状があります。仮に採用ができたとしても、同質の人材を揃えて上記のような能力開発が自発的に起こるようなコミュニティを社内につくるのは、かなり難易度が高い挑戦です。

　一つの方法としては、トップのデータサイエンティストが質を保証する役割を担い、そのリーダーのもとに人材を育成する形態が考えられます。たとえば大阪ガス社では、先にも触れた河本薫氏のリーダーシップのもとに、現場の業務をよく知り数値分析等の経験もある「ビジネス力」の高いメンバー

を育成して、データ活用を推進していきました[7-3], [7-4]。また、最近はシステム実装の要件や、まだ整備されていないデータを扱うデータ活用の要望などが増えてきており、「データエンジニアリング力」が高いエンジニアを中心に育成していくことなども考えられます。

　「ビジネス力」や「エンジニアリング力」については、既存の組織のなかでもスキルを有する人材がいるはずです。また、これらのスキルを教育して伸ばすためのインフラも比較的整っています。それを考えると、「データサイエンス力」の質を担保することが、常に課題としてつきまとうことになります。

　以上述べてきたように、データサイエンティストを教育するツールは多くありますが、多様なスキルを満遍なく高めていくのは容易ではなく、会社のデータ活用戦略に沿った、組織的な能力開発が重要となってきます。

column アメリカと日本のデータサイエンティスト市場の違い

　「データサイエンティスト」という言葉が最初に流行り始めたときにもてはやされたのが、「今世紀でもっともセクシーな職業」という肩書きでした。これは、米国の経営誌『ハーバード・ビジネス・レビュー』（2012年10月号）[7-8]で使われた表現で、データサイエンティストが（給与面でも）魅力的な職種として注目を集めるきっかけになりました。では、実際にデータサイエンティストの給与水準は高いのでしょうか。また、日本と海外を比べるとどうでしょうか。

　データサイエンティスト協会の委員会組織が調査した結果があります。協会が主催する「一般社団法人データサイエンティスト協会 3rd シンポジウム 〜 実務者が集うデータサイエンスの最前線 〜」（2016年開催、基本的に年次開催）のなかで調査・研究委員会が行った「徹底解剖！日本のデータサイエンティストの現状」と題した講演で発表されたもので、協会のメンバーに対するアンケートや追加調査をもとにした結果です。そのなかでは、アンケート（n ＝ 90）に回答したデータ分析担当者の年収の中央値は 650 万円であり、上位 2 割は年収 1,000 万円を超えていました。給与水準としては比較的高

めと言えるかもしれません。また、給料とスキルの相関を見ると、ビジネス力の影響が最も大きく、続いてデータサイエンス力、データエンジニアリング力の順でした。ちなみに、年代が高いほど給与は上がる傾向も見られました。経験値によって全体的なスキルが上がっているためかもしれませんが、日本企業の給与体系や、そもそもこの年代でデータ分析関連の職種についている人材が稀有なことも要因となっているかもしれません。

　一方で、アメリカのデータサイエンティストの給与事情はどうでしょうか。上記の講演で引用されていたオライリー社による「2016 Data Science Salary Survey」という調査によると、上位 25%（n = 983）は 13 万 8 千 US ドルを超え、最多金額帯も 8 万ドルと、日本よりも高い水準でした。しかし、評価されるスキルについて委員会の基準に照らして分析した結果、データエンジニアリング力が最も給与に影響を与えており、次にデータサイエンス力、ビジネス力の順となっており、日本の市場とは優先度が違っていました。委員会の発表のなかでは、これは主にデータサイエンティストが活躍するのがグーグルをはじめとした大規模なネット企業であり、ビッグデータ分析などで力を発揮しているからではないかと考察していました。

　筆者の推測ですが、日本では多くのデータサイエンティストがコンサルティングサービスの提供者やツールベンダーなどに所属する一方で、アメリカのデータサイエンティストの多くは事業会社のデータサイエンス部門で働いていることも、スキルの優先度の違いの一因となっているのではないかと思います。コンサルティングサービスなどの法人向けサービスでデータ分析業務に従事する場合には、社内にいる場合と比べて分析や実装業務に割く時間は短くなり、自然と高いビジネス力が求められます。一方で、企業間でデータを受け渡す場合には、個々の事情にもよりますが、対応作業が分業体制になり、エンジニアリング力の難易度は下がります。日米の違いは、主にはこうした産業構造の違いから生じているのではないでしょうか。ただ、本章のテーマである自社でデータ分析部門をもつ場合の人材については、今後はアメリカでの評価基準のようなスキルセットが重視されてくる可能性もあるので注意が必要です。

7

データ活用をする組織をつくる

7.2 ▸ 部門を立ち上げる

▍データ活用戦略について

　本節では、データ分析を進める担当部門の役割について見ていきますが、まずはその前提となる、全社でのデータ活用戦略について触れておきます。ここでは

- データ活用の度合い
- ビジネスへの影響範囲の大きさ

の二つの軸で考えてみます。

　データ活用の度合いについては、たとえば総務省の調査報告が参考になります。この報告では、データ活用の進展を以下のような各段階に分けています。

1. データ収集・蓄積
2. 可視化
3. 予測
4. 効率化（最適化）
5. ビジネスモデル転換

　この発展段階の区分が妥当かどうかは判断が分かれるかもしれません。ただ、これは約600社の定性調査結果をまとめたものであり、一定の説得力があります。600社のうち、約半数が「データ収集・蓄積」を実施していると答えている一方、最も高い「ビジネスモデル転換」の段階では実施率が1割強まで減っています。高い段階にいくほど社数が少なくなっており、尺度としての納得感があります。またこの調査は2016年に行われたものですが、筆者に持ち込まれる分析依頼では、近年は予測や最適化に関する案件が増えてきています。現在の状況ではデータ活用の裾野も広がり、発展段階の上位にいる企業の数も多くなっているとは予想されます。

　図7.2では、データ分析の高度化に伴う変化として、横軸に「データから

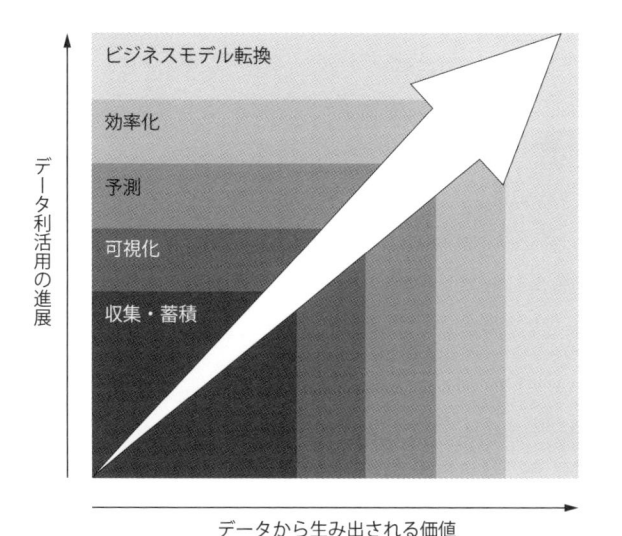

図 7.2　データ利活用の進展
（総務省「IoT 時代における ICT 産業の構造分析と ICT による経済成長への多面的貢献の検証に関する調査研究」（平成 28 年）[7-9] より）

生み出される価値」があります。これは上記の「ビジネスへの影響範囲の大きさ」と読み替えることもできます。これについて考える際には、イノベーション論などで著名なクレイトン・クリステンセンによるビジネスモデルの構成図が有用です（→図 7.3）。

　これはビジネスモデルの構成を大きく四つの要素で表したもので、最も重視されるものとして CVP（顧客への提供価値）が定義されています。その下に利益を生み出して継続的にビジネスを進めるモデル（利益方程式、以下簡便に「利益モデル」と記載）があり、それを支える業務上で鍵となるプロセス（業務モデル）と、ビジネスを支えるリソース（資源）があります。これは、主にビジネス変革を行うイノベーションの影響度を考えるときなどに使われていますが、データ活用を組織的に広げていくのもビジネス変革にほかならず、同様に役立ちます。

　データ活用のビジネスへのインパクトは、一番上の CVP を変える場合が最も大きくなります。たとえば、データを使った新しいサービスによって、これまでにない市場を開拓し、産業自体を生み出すような場合です。利益モ

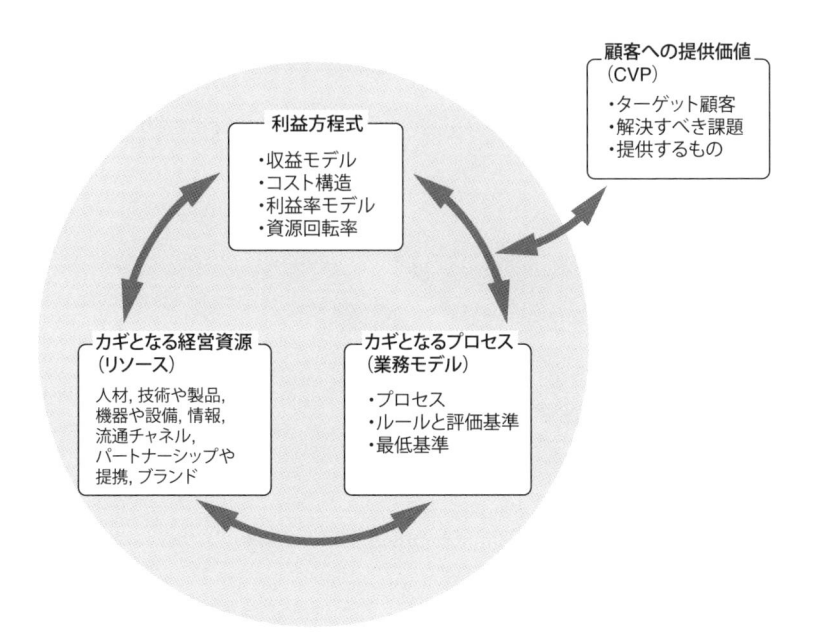

図7.3 クリステンセンのビジネスモデル
（DIAMOND ハーバード・ビジネス・レビュー2009年4月号、マーク・W・ジョンソン、
クレイトン・M・クリステンセン、ヘニング・カガーマン「ビジネスモデル・イノベー
ションの原則」[7-10] より引用）

デルを変えることも考えられます。たとえば、機械学習で適切なリスク算定
をし、商品の売り方をサブスクリプションモデルに移行するなどといった場
合です。プロセスモデルを変化させる例としては、従来は属人的であった業
務プロセスを、予測精度向上により改善することなどがあげられます。リソー
スの変化は、たとえば正確なレポートを提供することにより既存の業務判断
を的確にすることなどです。

　すでに述べたデータ活用の発展段階と合わせると、図7.4のように整理で
きます。基本的には、データ活用の発展が進むと、影響が及ぶビジネスモデ
ルの範囲も広がります。現在のデータ利活用の中心をなす「予測」や「効率化」
の段階では、影響は主に業務モデルと利益モデルの一部にとどまります。し
かし、データの活用が進んでくれば、ビジネスの影響度は大きくなるでしょう。

　本書を執筆している2018年現在、ブレインパッド社には、以前と比べて

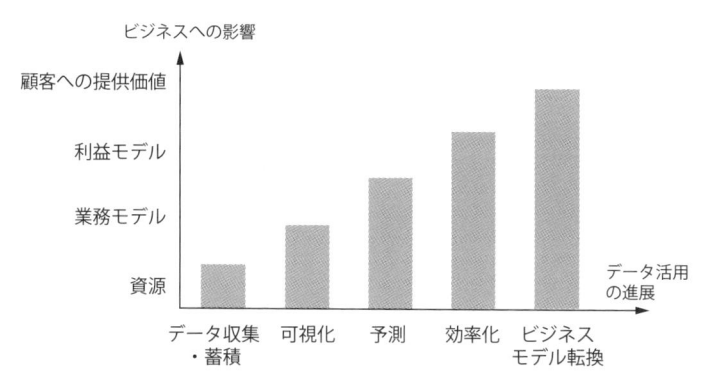

図 7.4 データ活用の進展段階とビジネスへの影響度

効率化の依頼が増えてきています。こうした案件の多くでは、機械学習システムで既存のプロセスを改善することなどが課題となっています。とはいえ、現在も取り組んでいる企業は増え続けており、データ活用の発展と拡大はこれから本格化していくと見られます。今後、データ活用のより上位の段階へと拡大していき、ビジネスへの影響範囲も大きくなると予想されます。

　各フェーズで求められる人材のスキルセットも、段階によって変わってきます。

- ●「データ収集・蓄積」の段階：主として、分析に用いるための適正なデータに関する知識など。
- ●「可視化」の段階：集計とビジネスを理解したうえでの、わかりやすいグラフ化のスキルなど。
- ●「予測」の段階：機械学習の活用に対応するための、分類や回帰などの機械学習手法を用いた仮説構築と検証、モデル作成のためのチューニングなど。
- ●「効率化（最適化）」の段階：システム実装などの要件に対応するための、複雑な深層学習に関するスキルセットなど。
- ●「ビジネスモデル転換」の段階：機械学習を活用した製品や事業開発のための、データサイエンスのより精緻な理解や新たな手法開発など。

このように、要件に応じて必要となる人材育成は異なります。

また、どの段階から取り組むかについても考慮が必要です。「効率化（最

適化）」など、高い段階から始める現場もありますが、筆者のまわりでは全社のデータ活用への準備が高い段階にある会社は少なく、「可視化」フェーズの取り組みから始めることが多いです。このように、データ活用の範囲を狭めて高度なテーマにいきなり着手するか、範囲は狭めずに活用の進展を着実に進めていくかなど、データ活用の戦略について一貫した方針と段階を踏んだ計画が必要となります。その計画のなかで、担当部門の役割を決めて、必要な能力を定義していくことになります。

▎担当部門について

　それではデータ活用を進める担当部門について考えます。取り組む分野を考えるために、第3章で見たデータ分析の仕事の流れを改めて見てみましょう（→図7.5）。

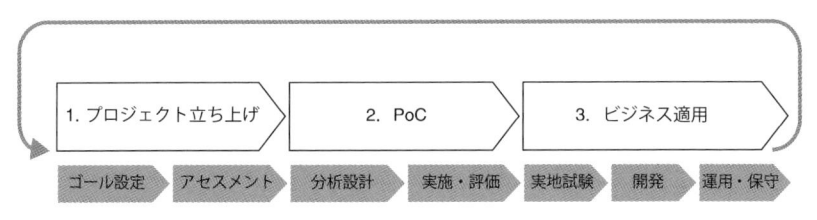

図 **7.5**　データ分析の仕事の流れ（図 3.1 再掲）

　注目したいのは、「ビジネス適用」から「プロジェクト立ち上げ」に矢印が戻っているところです。

　取り組むテーマの拡大や、ビジネス環境の変化に対応して同じテーマで繰り返し改善していくことはもちろんあります。ただし、データ活用を進めていく場合には、プロジェクトでつくられたシステムからより精度が高く詳細なデータが発生し、さらに高度な取り組みが始まる場合もあります。このデータ活用の循環を回すには、組織化したデータ分析部門が大きな役割を果たします。また、当然ながら複数のプロジェクトが同時に走ることになるので、人的リソースの管理機能を押さえなければいけません。

　さらに、前提としてその部門の立ち位置と組織形態についても考える必要があります。たとえば、各事業部内に存在するのか、経営企画のような全社

にまたがる部門なのか、はたまた情報システム部門が兼ねるのかによって存在意義が変わってきます。これについては、本節の最後で触れます。

　まず、社内にデータ分析部門をもつメリットとして大きいのが、外部パートナーと比べて柔軟に稼働ができる点です。社内部署であれば、まだ回収見込みが立たないような曖昧な状態のプロジェクトでも、計画に加わることもできます。たとえば新規ウェブサービス開発など、当初の開発規模が小さく予算も抑えている場合などでは、外部パートナーが最初から関わることは難しいですが、社内ならば必要最低限の時間で対応していくことができます。また、プロジェクトが終わって通常運用になってから定期的な改善を行うこともできます。戦略的に活用するデータを増やし整備することで、データ活用の品質を上げることができます。通常のデータ分析プロジェクトに対応するための人員に加えて、自社の強みとなる継続的なデータ改善や追加についてのリソースも確保しておくことは大切です。

　また、自社の業務（ビジネス）に精通していることも当然強みとなります。とくに「業務への組み込みと評価」、いわゆるユースケース、つまりビジネス適用の事例をつくっていくフェーズでは、現場の環境変化に合わせて対応するなど、継続的な取り組みが必要となります。外部パートナーではノウハウを貯めるのが難しく、取り組みの差が出やすい点だと言えます。

　分析プロジェクトの進め方についても、自社の文化やリソースとすり合わせるノウハウは活きてくると思われます。すでに述べたように、技術の変化は激しく、その価値も変わっていきます。分析の入口にあたる「データ整備」と、出口にあたる「業務への組み込みのノウハウ」を資産として貯めていけるよう、注意しておくとよいでしょう。

▌データサイエンス人材組織の管理

　データサイエンスでは、複数のプロジェクトでの人的リソース管理や専門家集団としての評価などについて、多くを歴史あるコンピュータサイエンスの領域から学んでいます。実際、筆者もスプリント◆1によるタスク管理や、

◆1　アジャイル開発プロジェクトの管理手法の一つ。たとえば筆者は、特定期間（たとえば2週間）で区切り、優先度の高いタスクを洗い出して集中対応を繰り返すという方法でプロジェクトを進めています。

PMP に沿ったリスク管理[◆1] などを実践しています。チャットツール Slack や、ナレッジシェアツール Confluence などのコミュニケーションツールも積極的に利用しています。

　データ分析部門の組織管理の一つのヒントとして、「学習して成長する組織」という考え方は有用です。これは、海外では 1990 年代から注目され、日本でも 2010 年頃から注目が高まっている考え方で、ピーター・センゲの『学習する組織』[7-11] にまとめられている組織開発のアイデアです。さまざまな取り組み、たとえば 1on1 ミーティングやコーチングなどを導入して、個人のモチベーション管理をしっかりと行っていくことも重要です。

---

column　現場での取り組みからの気づき

　筆者の職場には多数のデータサイエンティストが所属しています。必ずしも『学習する組織』を意識しているわけではないですが、試験的なものも含めていくつか人材開発の取り組みが行われています。たとえば、個人の振り返りの場として上司との隔週での 1on1 ミーティングによるコーチングが実施されています。また、とくに若手の人材に対して年次の目標設定（MBO）に加えて、キャリアに関するメンターによるコーチングも実施し、個人の成長目標を明確にしながら管理しています。また、チームでの取り組みに関しては現場の各チームの運用に委ねられている部分が多いですが、筆者が以前に経験した 1 年間にわたる長期プロジェクトの際には、四半期ごとに時間をとり、合宿を行いました。そこでは個人のビジョンを共有してから、現在の状況把握と目標づくりのワークショップを行うなど、共有ビジョンをつくる取り組みを行ったこともあります。その結果、メンバー間で共通の目線で話せるようになるなど、成果を感じました。

　また、隔週でチームメンバーの働く環境について振り返り、改善点を出して実行していく会議も実施していました。新しい知識の学習に熱心なメンバーが多かったこともあり、毎週集まって一人 3 分程度の持ち時間で簡単な Tips を共有するチーム内の勉強会[◆2] や、新しい情報共有ツール導入や会

◆1　たとえば筆者は、PMBOK に定義される 10 個の視点に沿って、定期的に課題とリスクを洗い出しています.

◆2　「3 分ハッキング」と称して開催。その後、他部署にも広がっていきました.

議体のルール設定、あるいはその廃止なども行いました。これらの取り組みが、チームメンバーのパフォーマンス向上に寄与したと感じています。また、改善の方針として「軽くチャレンジして、続かないものは無理に続けない」と決め、参加の自由を確保したこともよかったと感じます。

　これまで見てきたように、人材管理に関してはコンピュータサイエンスの分野で培われたエンジニアの管理法や「学習する組織」の視点を参考に、実状に合う形で制度などに落とすのがよいでしょう。大事なのは、専門家として成長しやすい環境を組織的に整えることです。また、個人の能力に成果が大きく依存するにもかかわらず、データサイエンスの対象範囲は随時変化・拡大するため、個人のスキルセットはばらばらです。必ずしも、上長がすべてを把握しきれない状況も往々にしてあります。そのため、データサイエンスの質を担保する仕組み（たとえば、複数の経験者によるレビューなどのプロセス）をつくりつつ、上長はモチベーションマネジメントなど、現場のメンバーが取り組む環境の改善に専念するなどの工夫が必要になってきます。

▌組織形態

　次に、どのような組織形態をとるべきかについて考えていきます。先述したように、これには既存の会社組織の構造や、会社ごとのAI・データ分析の担当部門の立ち位置を考慮する必要があります。たとえば、全社横断の経営企画部門などの組織に追加する場合もありますし、事業部などのビジネスユニット（以下、BU）のなかにそれぞれデータ分析プロジェクトチームがつくられる場合もあります。また、システム実装の要件が多い場合などには、既存のエンジニア組織の一部が実質的に担当部門になることもあります。さらに、冒頭で述べたように、データ分析業務の一部を外部パートナーに外注することもあります。社内・社外のもつ機能の切り分けによっても、組織形態は変わってきます。

　実際の組織形態には、いくつかパターンがあります。機能別で考えると、大きく四つほどのパターンに分かれます。

- 各事業部の配下にそれぞれデータ分析チームを組織する
- 全社横断型部門の配下にチームを組織し、各事業部のプロジェクトを間接的に支援する
- 独立の AI・データ分析部門を立ち上げ、他部門を直接・間接的に支援する
- COE（専業部署）から必要な機能のみを切り出し、専属のチームを構築する

　各部門の配下に組織化していく方法は、既存の組織への影響が少ないという利点があり、大きな会社の場合には適している場合があります。一方、全社横断型部門の下におく方法や独立したチームが支援する方法には、専門的な能力が蓄積しやすいという利点があります。COE（専業部署）から必要な機能のみを切り出して専属の分析チームを構築する方法は、全社戦略を考えたり高度な技術を追求したりする機能と、各部門のニーズに対応する機能を分けることを可能にします。そのため、変化する技術への対応と、足元の実績の確保を両立しやすいという利点があります。その反面、スキルを備えた人材がより多く必要となります。

　また、「専門家として成長しやすい環境づくり」という面から考えると、上長との縦の関係だけではなく横のつながりが重要になります。そこで、横のつながりを維持しやすい組織形態を目指すことが一般的です。たとえば、企画担当・PM と現場の作業メンバーを職能で分け、前者は予算別で分けて配置する一方で、後者は職種（たとえばデータサイエンティスト、エンジニアなど）別に分けるという、「マトリクス組織」があります。筆者のまわりでも、この方式を採用している例はよく見られます。この場合、現場の部門長は、メンバーの育成を主な任務とし、利益や予算についての目標達成の責任は負わないことになります。ちなみに、このマトリクス組織は上記の区分では4番目の「COE（専業部署）から必要な機能のみを切り出し、専属のチームを構築する」に該当します。

column **オフィス環境にも気を配る**

横のつながりを維持しやすい環境を目指すうえで、オフィス環境は重要です。これについてはブレインパッドでもさまざまな取り組みが見られます。

たとえば、案件やプロジェクトでのコミュニケーションを円滑に進めるために、座る席をプロジェクト単位で寄せるなどの工夫をしている場合もあります。

また、オフィス内にも会議がしやすいようにホワイトボードのあるオープンスペースを設けたり、オフィスの自動販売機やゴミ捨て場などの共有設備を1箇所にまとめることでコミュニケーションが発生する機会を増やしたりもしています。フロア内を見渡せるように机のパーティションを低めにし、話しかけやすい環境をつくったりもしています。

オフィス環境の改善に関しては、年々予算が増えています。重点施策として位置づけられ、専門チームも置かれています。

7

データ活用をする組織をつくる

7.3 ▶ データ活用を全社に展開する

▌組織変革のプロセスから考える

最後に、全社にデータ活用の文化を浸透させていくときに注意する点について考えていきます。会社にデータ活用を定着させることは、業務を実行する人やルールを変えていくことを意味し、これは組織変革そのものです。したがって、一般的な組織変革のプロセスをもとに考えていくことができます。もちろん、現実には理論どおりの段階を経て進むとは限りませんが、変革のゴールに向けていまどれくらい進んでいるかや、うまく進まない場合にどの段階の問題なのかを分析するのに役立ちます。組織変革のステップについては数多くの考え方がありますが、代表的なものの一つであるコッターの「8段階の変革プロセス」[7-12]に沿って考えてみます。

「8段階の変革プロセス」は、リーダーシップや変革研究の第一人者とされるジョン・コッターが、組織をよい方向に向けて変革していく、いわゆる

1. 危機意識を高める

2. 変革推進のための連帯チームを築く

3. ビジョンと戦略を生み出す

4. 変革のためのビジョンを周知徹底する

5. 従業員の自発を促す

6. 短期的成果を実現する

7. 成果を活かして、さらなる変革を推進する

8. 新しい方法を企業文化に定着させる

図 7.6　ジョン・コッターの 8 段階のプロセス
（ジョン・P・コッター：『企業変革力』，日経 BP 社（2002）p. 45 より引用）

組織変革についてのステップを整理したものです。その各ステップは図 7.6 のとおりです。

　まず、1. ～ 4. は、膠着している状態を打ち破るため、全社の危機意識を高めて、データ活用を推進するチームをつくり、ビジョンと戦略を生み出す段階です。

　本書を手にとったあなたの会社では、すでにデータ活用のプロジェクトが立ち上がっているのかもれません。その場合は、すでにある程度の危機意識（緊迫感）は醸成されていると考えてよいでしょう。ここでは、解決する経営課題と組織とをどう紐づけるかについて、ステークホルダー間で確認しておくことが望ましいです。なぜならば、これまで見てきたように、データ活用の成果が出るまでには一定の時間がかかるからです。また、PoC などに初期コストがかかる割に成果が確認できない時期が長くなる場合もあるため、目的としている成果に集中してリソースを投入する必要があります。リソース投入の優先順位を決め、関係者から成果を出すための時間を確保するためにも、組織が目的とする経営課題（目標）をきちんと明文化して、関係

者で共有する必要があります。

　また、限られた時間で目に見える成果を出す必要があるので、一見課題が
ない部門をデータ活用でさらに改善するようなチャレンジにも乗り出すべき
でしょう。これは技術的には難易度が高いチャレンジになるため、あくまで
自社の進展レベルに合わせて一歩先に進むことを目指します。予算がある程
度確保できるうちに、外部リソースも利用してリスクを下げながら、成功事
例を拡大するのがよいでしょう。

　可能ならば、チームメンバーを育てることにも取り組めるとよいでしょう。
すでに知見がありリスクが低い過去のプロジェクト内容を、データ活用の進
展が低い部署へ横展開することなども視野に入れてよいかもしれません。

　ブレインパッドがコンサルティングで関わるときには、すでに危機感が醸
成された状況で、技術的に難しいプロジェクトから入る場合がほとんどです。
そのなかでは、上記のようなパターンで、成功したプロジェクトの横展開に
よりクライアント企業の分析人材が育っていくケースを見受けます。また、
補助的な研修などを行い、クライアントのスキル開発なども同時に行うこと
もあります。

　続く 5. 〜 7. 段階目では、従業員が自発的に行動を起こして変化を実現で
きる状態を目指します。この段階で、データ活用の進展が低い部門について
も対応します。このためには、

- 推進部門以外のメンバーが使える簡易的な分析ツールを準備する
- 分析作業の現場が自発的に取り組めるような環境を整える
- 成果についての表彰などを積極的に進めていく

などの取り組みがありえます。

　たとえば、「Tableau」などのデータ可視化ツールの導入と教育を行ったり、
基盤となる分析用データの整備を推進部門が行ったりすることなどが考えら
れます。また、データ活用を進めるために、これまで定性情報に頼っていた
会議資料をデータに基づく帳票に変える、定期的なレポーティングやリサー
チペーパーを発行することなどにより、データを使う文化を根付かせる地道
な活動が必要となってきます。

7

データ活用をする組織をつくる

　筆者が目にしたある企業では、推進部門の多くのエンジニアが全社共通の分析データ等の整備を業務としており、社内向けのデータ操作や分析ツールの教育を行う一つの独立したチームができていました。また、データ活用が最もうまくいったプロジェクトを期末に表彰するなど、会社としてデータ分析を推進している姿勢を見せ、成果が見えやすくする工夫をしていました。

　最後に、8段階目にて、せっかくの変化が後戻りしないように定着させます。それには

- 独立した組織の設置（これは本章のテーマです）
- CxO（Chief Analytics Officer, Chief Digital Officer など）の任命などにより、組織構造の上位に組み込む
- 人事の評価基準に組み込む

などが考えられます。実際、筆者の周囲でも、中期経営計画としてデータ活用の促進を盛り込み、トップダウンの指示のもと専門組織をつくり、大きな予算を割いて取り組んでいる企業があります。

▎展開の例

　最後に、全社にデータ活用の文化を浸透させていく順序について、第3章で取り上げた中堅商社 A 社の場合を考えてみましょう。

 A 社での事例：シーン 1

　A 社は、支払処理の請求書入力に AI を導入するプロジェクトを成功させました。プロジェクトをまだ導入していない処理への横展開や、発注先の請求書作成にも活用を拡大するなど、プロジェクトを発展させていく話も進んでいます。

　そんななか、A 社ではさらなる AI の活用を目指して、AI 推進室を設立しました。人数は 5 名と小規模ですが、比較的経験のあるメンバーが集められました。以下のような顔ぶれです。

- AI 導入プロジェクトに参画したリーダー
- AI 導入プロジェクトの事務局を務めたメンバー
- 手を上げて参加してきた若手エンジニア
- 大学院で統計関連の研究を行っており、プログラミングにも詳しい新卒 2 年目

●中途採用したコンサルタント出身のデータサイエンティスト

　室長には、AI 導入プロジェクトの元リーダー（データサイエンス部課長）がつきます。古くからある会社で、部門間の難しい調整なども予想されるために、交渉力を重視して選ばれました。また、すでにチームリーダーとしての実績があることも人選の理由となりました。

　こうして AI の担当部門が立ち上がったら、まずは取り組むテーマを決め、経営チームとすり合わせをします。影響する範囲（部門、メンバー）やデータ活用の進展状況を調べた結果、図 7.7 のように部門[1] ごとにデータ活用の状況にバラツキがあることがわかったとします。

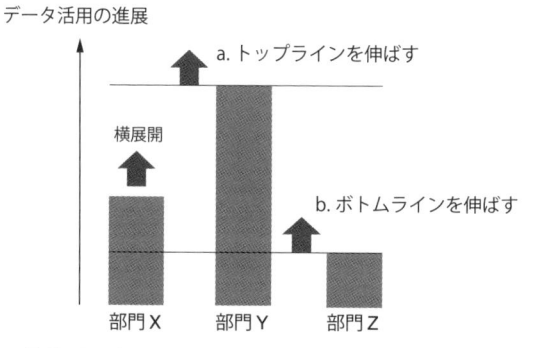

図 7.7　企業全体へのデータ活用の展開

　この状況で、AI 推進室はどのように A 社にデータ活用を展開していけばよいでしょうか。

 A 社の事例：シーン 1（続き）

　部門 X は、最近 BtoB の EC サイト事業を始めた部署で、AI 導入には協力的です。ネットの事業をしているだけあって、各社員が担当商品のデータを日々見ながらセール実施や価格を決めたり、売れ行きを数字でチェックしたりしており、データ活用は比較的得意です。ただし、専門的な人員はおらず、さらなるデータ活用を支援してくれるコンサルタントを探していたところでした。ちょうど AI 推進室ができたので、依頼をしてきました。

◆1　ここでは「部門」と表現しましたが、一つのビジネスに関わる関係部署、メンバーのまとまり（いわゆるビジネスユニット）のイメージです。

部門Ｙは、AI 導入プロジェクトを行った部署であり、当然 AI 推進室のメンバーや内情についても詳しい部署です。この部署からは、発注先への展開について支援を依頼されました。

部門Ｚは、社内で最大規模の事業部門です。顧客との安定した取引があるため、昔からのやり方を踏襲しており、データ活用は進んでいません。経営チームとしては、大手商社が次々と AI 推進を進めているなかで自分たちも乗り遅れたくないと思っており、この部署も導入先の候補となっています。

部門Ｘの業務については、AI 推進室のメンバーにとっての社内での経験が少なく、成果をあげるのが難しいと判断して、選択肢から外しました。そこで、次の二つの選択肢について考えます。

1. データ活用が進んでいる部門Ｙに対する支援を強化する
2. 活用の度合いが低い部門Ｚを底上げする

最初に目指したいのは、小さくても成功がわかりやすい実績を積み上げることです。一方で、市場を見ると他の商社もデータ活用に取り組んでおり、将来的には AI を利用した事例を掲げて自社も先進的な取り組みをしているのをアピールしていかなければ、取引先などからの信頼も低くなっていきそうです。そこで、技術的にはチャレンジがあるものの、まずはすでにプロジェクト実績がある部門Ｙでの支援に注力することにしました。

 A 社の事例：シーン 1（続き）

上記の方針を経営会議に報告して承認をとり、AI 推進室として、部門Ｙの発注先への AI を利用した請求書発行システム導入への取り組みに注力することになりました。

変革のプロセスに当てはめて考えれば、ここまでの A 社は、まずは会社としての方針を固め、小さな成功を目指す「初期段階」にあたります。

第 4 章でも触れたように、高すぎる目標設定にはリスクがあります。自社のなかでデータ活用が進んでいる部門にとってでさえ高い目標を設定してしまっては、失敗のリスクが高くなります。リスクを含めてステークホルダーと合意し、文書にしておくなどの配慮も必要となってきます。

A 社のその後を見てみましょう。

 A 社の事例：シーン 2

　　取り組みを進めるにあたっては、技術面だけでなく発注先との連携に課題があることがわかりました。とくに、発注先ごとに請求情報の項目や記載レベルが違うことが問題になりました。

　　そこで、具体的なアプローチとして、

- 精度を担保するための機械学習の技術に関する調査
- 発注先の各部署との事前調整、橋渡し、支援

を行うことになりました。

　　まずはプロジェクト推進のコアとなるメンバーを集めてチームをつくり、個別に関連部署のリーダーなどと調整しつつ、連絡会議を立ち上げて隔週で進捗を確認していくようにしました。会議ではファシリテーションを行い、自社のシステム改修や重要な発注先との交渉、発注情報と発注先情報の名寄せの問題などを議論します。このように、プロジェクトの進行状況と課題が、常に共有されるようにしました。

　　それとともに、機械学習の手法やシステム化の際のツールについても、報告をまとめ、導入先を支援するようにしました。プロジェクト成功のカギとなるのは、すべての発注先にこのシステムを導入してもらえるかどうかです。それが実現すれば、将来的には発注システムにとどまらず、発注先とのサプライチェーンが構築でき、営業現場にも正確な納期情報などを提供できるようになるかもしれません。こうしたビジョンを描き、共通の目標として議論を重ねました。そこで出てくるアイデアのなかには、直近で実現可能なものや、長期的な構想とすべきものなど、さまざまなものがありました。すぐに取り掛かる必要のあるテーマについてはサブタスクと位置づけて別に会議を立ち上げて対処し、そうでないものは将来の構想として AI 推進室の計画に盛り込んでおきました。

　　プロジェクトには、まだまだ複雑な調整や、乗り越えるべき技術的なハードルも多く残っていますが、これが成功すれば提案力の強化・営業の質の向上といった、幅広いビジネスにも好影響が出てくる見込みも出てきました。

　変革のプロセスで言えば、A 社はコアチームをつくり、ビジョンを立ち上げて共有を行ったところです。

7

データ活用をする組織をつくる

　筆者も、関係者を絞って会議を立ち上げ、そのなかでファシリテーション役を務めたことがあります。課題を整理し、定量評価や状況を可視化した資料をもとに議論を進め、目標を細かく分解していきました。小さな解決を重ねていくことで実績が溜まり、やがて大きな解決策に向けて関係者が動きやすくなります。また、こうした会議での議論や課題解決の経験は、参加メンバーの信頼を高めていく効果があることも実感しました。

A社の事例：シーン3

　さらにプロジェクトは進み、まずは取引先のうちの中堅メーカー1社にトライアルとして導入してもらえることになりました。この会社は、一定の影響力をもつ規模があり、定型的な取引が比較的多く、完成したシステムの横展開が見込めそうだという理由で選ばれました。想定される技術的な課題についても、対処方法をテストケースで検証し、解決済みです。おそらく今期末には、トライアルの成功と発注先への導入スケジュールなどの計画を経営会議に報告できるでしょう。

　変革のプロセスで言うと、「短期的な成果を実現する」ところに相当します。肝心なのは、技術的な課題を先に潰しておくなど、支援対象の部門やステークホルダーが実感できる成果を出しやすい環境を整えることです。そして、成功した場合には表彰などを通して成果が全社に公表されるように配慮し、成果を実感できる範囲を広げていくことも重要です。

7.4 ▶ 本章のまとめ

　本章では、データ利活用の組織について、「人材」、「部門」、「展開する順序」の三つのパートに分けて考えました。それぞれのポイントをまとめておきます。

【人材（7.1節）】
- 人材は分析の各フェーズに合わせて揃える。
- 採用活動では戦略に沿った選択と集中が必要となる。

- データサイエンティストのスキルは、「ビジネス力」、「データエンジニアリング力」、「データサイエンス力」からなる。とくに「データサイエンス力」の開発には特別な配慮が必要。

【部門 (7.2 節)】
- データ活用の発展に応じて、AI の活用戦略を定め、担当部門の役割を決める。
- データサイエンティスト集団の組織づくりでは、「学習する組織」なども参考に、自律した成長を促すことを心がける。

【展開 (7.3 節)】
- データ活用の展開は、組織変革の考え方に沿って段階的に進める。

　本章の最後では A 社の成功事例を見てきました。しかし、いつもこのようにうまくいくとは限りません。むしろ、計画どおりに進むことなど稀だということを忘れてはいけません。組織変革は個人の行動の積み重ねで成り立っており、実際に変革を進める際には、多様なステークホルダーそれぞれの感情が絡むなかで、勇気をもって一つずつ進めていかなければなりません。本書を手にした読者は、何かを変えなければならないという思い、変えようという勇気をすでにおもちの方でしょう。この本が、その勇気を形にするための後押しとなれば幸いです。

7

データ活用をする組織をつくる

最後に、主に経営層に向けて──広大な可能性を前に

株式会社ブレインパッド　代表取締役会長　草野隆史

　本書は、株式会社ブレインパッドの有志のデータサイエンティストおよび機械学習エンジニアによってまとめられた、組織がデータ分析やAIをビジネスに導入するために必要とする知識を丁寧に網羅的にカバーした書籍です。日本にはまだ類書は少ないのではないかと自負をしています。

　当社は、2004年に創業したデータ分析に特化したベンチャーであり、企業におけるデータ利活用、AI導入のためのコンサルティングから、実際の分析業務の受託、分析環境の構築やAIを利用したデジタルマーケティングソリューションの開発提供までを行う、日本で数少ないデータ分析・AI領域における総合サービス企業です。クライアント企業は、金融業界をはじめとして、ネット業界・製造業界・小売業界・建設業界・サービス業界と多岐にわたっており、延べでの経験プロジェクト数は数千のオーダーに上っています。

　分析を主業として創業した際に、いろいろと先行する企業を調べましたが、ロールモデルとなるような会社やビジネスモデルはほとんどなく、結果として、リスクを抑えてプロジェクトの成功率を高めるための方法論を試行錯誤を通じて自らの手で開発をしてきました。本書にまとめられた内容は、そのような個々のプロジェクトのなかで生み出された知見を（失敗例も含めて）可能な限り体系的に整理したもので、これから本格的にデータ分析・AI活用に取り組まれようとされる組織の方々にはおおいに参考にしていただけるのではないかと思います。

*

　他方で、データ分析で実際のビジネスの成果をあげようとすれば、抽象的には同じプロセスでも、実際の現場ではそれぞれのビジネス事情やデータの制約のなかで効果を出すために、個別具体的な工夫や配慮が不可欠であり、

すべて本のとおりに行えば成果があがるというものでは残念ながらありません。実際のプロジェクトでの経験を通じてしか、このあたりの勘所が伝わらないために、ビジネスで成果を出せるデータサイエンティストの数は、2010年以降のビッグデータ・ブームを経ても簡単には増加せず、未だに業界の人材不足は解消をしていません。

これに第三次と言われるAIブームが重なり、当該領域の人材の枯渇は危機的と言ってよい状況にあります。そして、この危機は、単にここ数年のビッグデータや人工知能の発展への対応の遅れというものではなく、より長期的で本質的な経営上の失策に由来するものと私は考えています。現在の状況を生んだ原因が異なれば対応も当然に異なるかと思いますので、創業来14年間、この国の企業のデータ活用ひいてはIT活用の現場を見てきた私の持論を展開させていただきます。

＊

世界的にITでビジネスに差がつくようになったこの20年間が、いわゆる「失われた20年」に重なった日本企業にあっては、投資対効果の見積もりづらい「攻めのIT」領域への投資が難しく、限られた予算をROIのはっきり見通せるコスト削減のための「守りのIT」投資に傾斜せざるをえなかった企業経営者には同情を禁じえません。しかしながら、その結果として企業内外の環境で起こってしまっている事実については冷静に受け止めて、適切に対応をしていかなければ、現在の危機的状況を乗り越えることは難しいでしょう。

一般に、ITを「攻め」、つまりビジネスを伸ばし、差別化するために使おうとすれば、自社のビジネスとITの両方に精通した人材や組織を社内に有しておく必要があります。しかし、「攻めのIT」を実施せず、「守りのIT」のみを推し進めた結果、残念ながら多くの企業においてビジネス部門と情報システム部の間には非常な距離があいてしまっており、このような人材は育っていません。AIやビッグデータ分析といったITのなかの特定の技術に関する不足以前の問題なのです。

この状況を踏まえ、これからITを利用してビジネスモデルの変革や、商品やサービスの開発を実現していこうとすれば、ビジネス機会を見極めて、

最適な形で IT を投入していかなければなりません。そして、このタイプの
チャレンジは成功した場合のリターンは大きいものの、100％の成功が約束
されたものではありません。そのため、その実施はビジネスと IT という距
離のある二つの部署（機能）で別々に個別最適に考えていては難しく、これ
らを一体として捉える必要があります。つまり、ビジネスにおけるリスクを
許容しつつも、IT 活用にチャレンジし続けることを可能にする組織的な仕
掛けや後ろ盾が不可欠となります。これは、トップ自らが担う価値のある仕
事ですが、難しい場合には最低でも専任の役員、たとえば CIO を置くこと
が必須となるでしょう（企業によっては、CDO の場合もあるかもしれませ
ん）。

　なお、データ分析や AI 活用は、コスト削減にも利用できるため「守りの
IT」的に見えるかもしれませんが、実際の投資決定においては、実際にデー
タを処理してみるまで成果が事前に見積もりづらいという点で、「攻めの
IT」と性質を同じくしています。その意味で、データ分析で 1 回や 2 回の
失敗が先行しても、取り組み内容を評価して適切になされていれば支援を続
ける組織的後ろ盾はこちらにも不可欠です。さらには、分析によってオペレー
ション改善の機会や必要性が見つかった際に、現状維持を望む現場の反対を
抑えてでも分析に基づく施策を実現する経営のサポートがなければ、データ
がビジネスにインパクトのある成果を出すことなどはできないでしょう。

＊

　さらに、IT 活用を推進する情報システム部の体制やマインド、スキルに
も課題があります。現在、多くの企業において情報システムは外注して開発
するものとなっています。これも従来の「守りの IT」であれば、IT は社外
で競合と市場を奪い合うためではなく社内の効率化・コスト削減のためのも
のであり、確実に投資の ROI を見積もるためにも、内部で開発するよりも、
同一あるいは類似業界での先行事例をもつ外部業者に発注したほうが失敗リ
スクの低減も含めて都合がよいので、理にかなっていました。しかし、「攻め」
に使うとなると、外注をしていてはノウハウが漏れることになりますし、先
行事例があるソリューションばかりを採用していては競合に先につけられた
差を埋めることはあっても、差をつけるには至りません。実際、米国などで

は IT システムは主に内製をするものであり、それによりノウハウの流出防止や、スピーディな試行錯誤、柔軟なリスクやコストのコントロールを実現しています。

　この結果、IT を攻めに利用して内製する傾向の米国においては、事業会社に所属している IT エンジニア数は、日本の約 10 倍の規模に上り（ベンダー側に所属する IT エンジニア数はほぼ同規模）、攻めに貢献し付加価値を生みやすいため、その待遇面においても倍近い差があります。「守り」から「攻め」に転換し、AI でビジネスを伸ばそうとした際に自社に必要となるエンジニア組織の性質と規模を考えるうえで、先行する米国のこの業界構造・人材の分布は参考になるのではないでしょうか。

　AI の活用でより高度な IT エンジニアの活躍が不可欠となるなか、企業内の人材確保・育成は一層大きな課題になります。一旦出来上がった業界構造やそのなかの人材のマインドセットは簡単には変わらないため、これは単純に SIer から事業会社に人が移動すれば解決する問題ではなく、その解消には十分な投資と長い時間を必要とします。そのため、IT システムの開発を外注中心で進める従来方針を貫き続けるのか、転換するかの議論は、AI 活用を真剣に検討する企業にあっては早めに実施しておくことが重要でしょう。

＊

　少し厳しい内容になったかもしれませんが、データ分析や AI によってビジネスに差別化を生み出そうとすれば、あるいは、全社を横断するデータを分析した結果に基づいて組織の行動を変えようとすれば、それはすべて経営者の仕事であり、それらを支援する IT 部隊は一定規模で内製化できなければ実効性を高められないことはご理解をいただけたのではないでしょうか。

　競合と差をつけるレベルでのビジネスにおける AI 活用は、特定の部署におけるテクノロジーの導入というレベルの話ではなく、本質的に経営を巻き込み会社全体の変容を要するものです。

＊

　最後に、そのようなリスクをとった際に得られる膨大な機会についてお話をします。現在、ディープラーニングを震源地に急速に発展している AI が

新たに可能にしていることは、従来人間しかできなかったこと（の一部）を、人間にはできないスピード（≒頻度）で、人間にはできない量を処理することにあります。

　人間が担っている高度で複雑な処理をいきなり AI で代替しようとすることは現時点でも非常に困難であり、研究開発からの取り組みとなるため、大きな投資を伴い、社内に先進的な研究機関を置ける例外的な企業を除けば、このアプローチは現実的ではありません。

　他方、人間がやっていたことのうち、比較的単純なものを AI 化することで省力化・省人化を実現するというアプローチがありますが、コスト削減にはつながるものの、現場の反対も起こりうるものなので、丁寧な導入が必要になりますし、基本的に「攻め」にはつながりません。

　やはり、最大の本命は、今ある AI 技術で実現可能で、自社の差別化を生み出せる「新しく AI が担う処理」領域を見つけて、競合に先んじてビジネスに実装をしていくことになるでしょう（→図）。現在の AI 技術は、特定の目的に絞れば人より優れた精度の処理が可能になるものですが、その実現には、その AI を鍛えるためのデータが不可欠です。必ずしも社内で所有・蓄積しているデータだけでは十分ではないため、AI 実現のためにいち早く動いて戦略的にデータを収集することが必要となります。とくに競合が存在する競争領域では、先にデータを集めて、それを利用した新しい価値提供をし

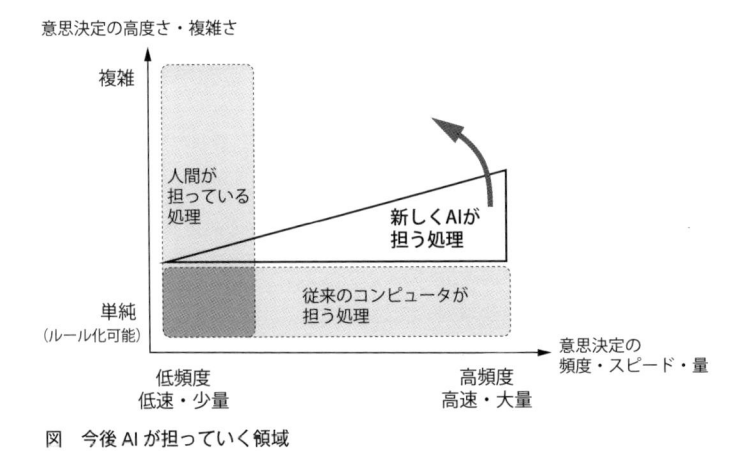

図　今後 AI が担っていく領域

はじめたほうがよりユーザーを集め、競合が参入する機会を奪う先行者利益が発生しやすくなります。

具体的には、これからの IoT 時代では、センサーやカメラを通じて実世界のデータ化が可能になることで、分析によるリアル世界の改善・最適化が可能となります。これはすなわち、従来、アマゾンやグーグルに代表されるインターネットのプラットフォーマーたちが実践してきた、データに基づいたサービス改善がさらに顧客（＝データ）を増やすという好循環サイクルを回す事業者が、あらゆる産業で生まれる可能性を意味します。

センサーやデバイスがリアルタイムに生成するデータの分析は、その量・更新頻度・複雑さのいずれをとっても人間に処理ができるものではないため、AI 技術を通じ、これらデータを活用して新しいサービスや改善を生み出した会社が大きくビジネスを伸ばす可能性が広がっています。まだ、多くの領域で圧倒的な勝者は生まれてきておらず、各社に大きな可能性が拓けています。

＊

日本企業において、決して足元の組織および人材の状況は楽観できるものではありませんが、救いは AI 技術自体のコモディティー化が急速に進んでおり、多くの業界において競争は、AI 技術自体の開発よりも、データの収集から活用までを一体に捉えたビジネスモデルの実装で競われる可能性が高いことにあります。皆様が、本書を手がかりに AI 活用のチャレンジに少しでも早く踏み込まれ、より大きな果実を得られることを心から期待しています。

参考文献

第 1 章

[1-1] 内閣府「日本経済 2016-2017」第 2 章第 1 節「第 4 次産業革命のインパクト」：
http://www5.cao.go.jp/keizai3/2016/0117nk/n16_2_1.html

[1-2] 情報通信白書（平成 29 年版）第 1 部第 5 節「第 4 次産業革命の総合分析」：
http://www.soumu.go.jp/johotsusintokei/whitepaper/ja/h29/html/nc135220.
html，総務省「IoT 時代における ICT 経済の諸課題に関する調査研究」：http://
www.soumu.go.jp/johotsusintokei/linkdata/h29_04_houkoku.pdf, ITmedia
（2017/11/15）「「今後はすさまじい伸び」国内 AI 市場、6 年間で 15 倍以上の成長
見込み」：http://www.itmedia.co.jp/news/articles/1711/15/news095.html,
MONOist（2017/10/20）「AI 市場は 2021 年に 1 兆円超えへ」：http://monoist.
atmarkit.co.jp/mn/articles/1710/20/news046.html, 月刊事業構想（2017 年 4 月
号）「AI 関連産業は 2030 年に 86 兆円に　数字で見る AI 市場」：https://www.
projectdesign.jp/201704/ai-business-model/003521.php

[1-3] 松尾豊：『人工知能は人間を超えるか　ディープラーニングの先にあるもの』、
KADOKAWA/中経出版（2015）

[1-4] 情報通信白書（平成 29 年版）：http://www.soumu.go.jp/johotsusintokei/
whitepaper/h29.html

[1-5] データサイエンティスト協会（2014/12/10）「データサイエンティストのミッショ
ン、スキルセット、定義、スキルレベルを発表」：http://www.datascientist.or.jp/
news/2014/pdf/1210.pdf

[1-6] ウィキペディア "Cross-industry standard process for data mining"：https://
en.wikipedia.org/wiki/Cross-industry_standard_process_for_data_mining

第 2 章

[2-1] Google オフィシャルブログ "Using large-scale brain simulations for machine
learning and A.I."：https://googleblog.blogspot.jp/2012/06/using-large-scale-
brain-simulations-for.html, Le, Quoc V. "Building high-level features using
large scale unsupervised learning." *Acoustics, Speech and Signal Processing*
（*ICASSP*）, 2013 *IEEE International Conference on. IEEE*, 2013.：http://
static.googleusercontent.com/media/research.google.com/en//archive/
unsupervised_icml2012.pdf

[2-2] Google research blog November 17, 2014：https://research.googleblog.
com/2014/11/a-picture-is-worth-thousand-coherent.html, Vinyals, Oriol, et al.

"Show and tell: A neural image caption generator." *Computer Vision and Pattern Recognition* (*CVPR*), 2015 *IEEE Conference on. IEEE*, 2015.：https://arxiv.org/pdf/1411.4555.pdf

あんちべ：『データ解析の実務プロセス入門』，森北出版（2015）

高橋威知郎，白石卓也，清水景絵：『データサイエンティストの秘密ノート 35 の失敗事例と克服法』，SB クリエイティブ（2016）

酒巻隆治，里洋平『ビジネス活用事例で学ぶデータサイエンス入門』，SB クリエイティブ（2014）

Foster Provost，Tom Fawcett：『戦略的データサイエンス入門 ― ビジネスに活かすコンセプトとテクニック』，オライリージャパン（2014）

有賀康顕，中山心太，西林孝：『仕事ではじめる機械学習』，オライリージャパン（2018）

第 3 章

ウィキペディア "Cross-industry standard process for data mining"：https://en.wikipedia.org/wiki/Cross-industry_standard_process_for_data_mining

RPA テクノロジーズ株式会社：http://rpa-technologies.com/

Foster Provost，Tom Fawcett：『戦略的データサイエンス入門 ― ビジネスに活かすコンセプトとテクニック』，オライリージャパン（2014）

細川義洋：『システムを「外注」するときに読む本』，ダイヤモンド社（2017）

第 4 章

[4-1] 公益社団法人著作権情報センター「著作権法」：http://www.cric.or.jp/db/domestic/a1_index.html#047_7

[4-2] ウィキペディア「岡崎市立中央図書館事件」：https://ja.wikipedia.org/wiki/岡崎市立中央図書館事件

[4-3] 国立国会図書館「国立国会図書館法によるインターネット資料の収集について」（2016）：http://warp.ndl.go.jp/bulk_info.pdf

[4-4] 情報通信白書（平成 26 年版）第 1 部第 4 節「本格的なデータ活用社会の到来」：http://www.soumu.go.jp/johotsusintokei/whitepaper/ja/h26/html/nc134020.html

第 6 章

[6-1] The Gardian "Google says sorry for racist auto-tag in photo app"：https://www.theguardian.com/technology/2015/jul/01/google-sorry-racist-auto-tag-photo-app

[6-2] 日本ソフトウェア科学会第 34 回大会（2017 年度）講演論文集，丸山宏「機械学習工学に向けて」：http://jssst.or.jp/files/user/taikai/2017/GENERAL/

general6-1.pdf

第 7 章

[7-1] 日経 BigData（2017/4/3）「4 月 1 日付でビッグデータ関連の新設部署が相次ぐ 部署別の活用を、CDO が率いて全社規模へ」：http://business.nikkeibp.co.jp/atclbdt/15/258673/033100218/

[7-2] 日本経済新聞（2017/7/12）「トヨタの米 AI 子会社、1 億ドルで VC 設立」：https://www.nikkei.com/article/DGXLASDZ12H3S_S7A710C1EAF000/

[7-3] 河本薫：『会社を変える分析の力』，講談社（2013）

[7-4] 河本薫：『最強のデータ分析組織』，日経 BP 社（2017）

[7-5] データサイエンティスト協会「スキル標準」：https://www.datascientist.or.jp/common/docs/PR_skillcheck_ver2.00.pdf

[7-6] データサイエンティスト協会プレスリリース（2014/12/10）：http://www.datascientist.or.jp/news/2014/pdf/1210.pdf

[7-7] 「Deep Learning 基礎講座」：http://deeplearning.jp/lectures/

[7-8] DIAMOND ハーバード・ビジネス・レビュー「データ・サイエンティストほど素敵な仕事はない」：http://www.dhbr.net/articles/-/1565

[7-9] 総務省「IoT 時代における ICT 産業の構造分析と ICT による経済成長への多面的貢献の検証に関する調査研究」（平成 28 年）：http://www.soumu.go.jp/johotsusintokei/linkdata/h28_01_houkoku.pdf

[7-10] マーク・ジョンソン，クレイトン・クリステンセン，ヘニング・カガーマン，「ビジネスモデル・イノベーションの原則」，DIAMOND ハーバード・ビジネス・レビュー（2010）

[7-11] ピーター・M・センゲ：『学習する組織 ―― システム思考で未来を創造する』，英治出版（2011）

[7-12] ジョン・P・コッター：『企業変革力』，日経 BP 社（2002）

工藤卓哉：『これからデータ分析を始めたい人のための本』，PHP 研究所（2013）

有賀康顕，中山心太，西林孝：『仕事ではじめる機械学習』，オライリージャパン（2018）

本橋洋介：『人工知能システムのプロジェクトがわかる本 企画・開発から運用・保守まで』，翔泳社（2018）

Foster Provost，Tom Fawcett：『戦略的データサイエンス入門 ― ビジネスに活かすコンセプトとテクニック』，オライリージャパン（2014）

トーマス・H・ダベンポート，ジュリア・カービー：『AI 時代の勝者と敗者』，日経 BP 社（2016）

トーマス・H・ダベンポート，キム・ジノ：『真実を見抜く分析力 ビジネスエリートは知っているデータ活用の基礎知識』，日経 BP 社（2014）

トーマス・H・ダベンポート：『データ・アナリティクス 3.0 ビッグデータ超先進企業の挑戦』，日経 BP 社（2014）

トーマス・H・ダベンポート，ジェーン・G・ハリス：『分析力を武器とする企業』，日経 BP 社（2008）

トーマス・H・ダベンポート，ジェーン・G・ハリス，ロバート・モリソン：『分析力を駆使する企業 発展の五段階』，日経 BP 社（2011）

二木康晴，塩野誠：『いちばんやさしい人工知能ビジネスの教本 人気講師が教える AI・機械学習の事業化』，インプレス（2017）

小田理一郎：『マンガでやさしくわかる学習する組織』，日本能率協会マネジメントセンター（2017）

冨山和彦：『AI 経営で会社は甦る』，文藝春秋（2017）

グロービス経営大学院：『グロービス MBA マネジメント・ブック【改訂 3 版】』，ダイヤモンド社（2008）

情報処理推進機構「IT 人材の育成」：https://www.ipa.go.jp/jinzai/itss/itssplus.html

安宅和人「シン・ニホン」：http://www.meti.go.jp/committee/sankoushin/shin_sangyoukouzou/pdf/013_06_00.pdf

索引

著者紹介

株式会社ブレインパッド

2004 年創業。AI、ビッグデータなどの言葉が広まる前から、データ活用のリーディングカンパニーとして、アナリティクスとエンジニアリングを駆使し、企業のビジネス創造と経営改善を支援。業界最大規模となる 80 名超のデータサイエンティストを擁し、幅広い業種を対象とした支援実績は 800 社を超える。

著者一覧

太田満久（おおた・みつひさ）

井上佳（いのうえ・けい）

今津義充（いまづ・よしみつ）

中山英樹（なかやま・ひでき）

上総虎智（かずさ・たけとし）

山﨑裕市（やまさき・ゆういち）

薗頭隆太（そのがしら・りゅうた）

草野隆史（くさの・たかふみ）──あとがき
　株式会社ブレインパッド 代表取締役会長

編集担当	丸山隆一（森北出版）
編集責任	藤原祐介（森北出版）
組　版	コーヤマ
印　刷	ワコープラネット
製　本	協栄製本

失敗しない　データ分析・AI のビジネス導入
プロジェクト進行から組織づくりまで　　Ⓒ 株式会社ブレインパッド　*2018*

2018 年 7 月 18 日　第 1 版第 1 刷発行
2021 年 9 月 6 日　　第 1 版第 2 刷発行

【本書の無断転載を禁ず】

著　　者　株式会社ブレインパッド
発 行 者　森北博巳
発 行 所　森北出版株式会社
　　　　　東京都千代田区富士見 1-4-11（〒102-0071）
　　　　　電話 03-3265-8341／FAX 03-3264-8709
　　　　　https://www.morikita.co.jp/
　　　　　日本書籍出版協会・自然科学書協会　会員
　　　　　JCOPY　＜（一社）出版者著作権管理機構　委託出版物＞

落丁・乱丁本はお取替えいたします.

Printed in Japan／ISBN978-4-627-85411-6